KB105480

나는 시간을 복원하는 사람입니다

나는 시간을 복원하는 사람입니다.

어느 문화재 복원가가 들려주는 유물의 말들

신은주 지음

프롤로그

그러니까, 모든 조각나고 깨지고 녹슨 것들을 다정하게 바라볼 줄 알게 된 건 보존과학 일을 시작하면서부터였다. 단지 역사와 화학을 다른 과목보다 조금 더 좋아한다는 이유에서 시작된 소소한 마음의 결정들은 결국 나를 박물관으로 이끌었다. 존재의 이유를 잃어버린 오래된 물건들의 생을 다시 이어주는 사람, 멈춰버린 그들의 시간을 복원하는 사람으로.

작은 관심은 여러 우연을 필연으로 바꾸어놓는다. '우연을 넘어선 운명 같은 순간'은 단지 혁명적인 물질이나 기술을 발견한 과학자에게만 일어나는 일이 아니었다. 역사에 대한 작은 관심이 여러 선택 앞에서 마음의 결정을 이끌었고, 결국 나를 유물 앞으로 인도했듯, 어쩌면 삶은 눈길을 멈추게 하는 자그마한 관심과 끊어지지 않고 이어지는 노력, 그리고 몇몇 우연들이 모여 훗날 운명처럼 느껴지는 순간들을 조우하게 되는 게 아닐까. 처음에는 삶의 작은 조각이라서 보이지 않다가 조각과 조각들이 이어져 나중에는 생각지도 못한 큰 그림을 발견하게 되는 것처럼.

유물 역시 마찬가지다. 지금 우리 곁에 존재하는 유물은 모두 한때 누군가의 필요에 의해 만들어진 물건이다. 쓰임을 다한 뒤에는 자연의 이치대로 수백 년, 수천 년의 시간 동안 땅에 묻혔고, 물건의 재질과 묻힌 땅의 환경에 따라 일부 유물은 사라지지 않고 남았다. 우연히 묻힌 땅의 환경이 유물이 소멸하지 않고 몇 천 년의 시간을 버틸 수 있게 해준 것이다. 여기에 다른 기막힌 우연이 또 일어난다. 우연히도 누군가에 의해 발견되는 놀라운 우연이.

여러 번의 우연이 만든 운명적인 일로 유물은 우리 곁에 다시 존재하게 되었다. 이후 국보, 보물 등의 이름으로 불리며 다시금 존재의 이유를 얻고, 뭇 사람들의 따뜻한 눈길과 관심을 받게 되었다.

인간의 삶도 문화유산의 시간도, 존재의 소중함을 아는 이들 덕분에 이어진다는 사실을 나는 유물을 통해 배웠다. 쓸모를 다한 채 부서져 길바닥을 뒹구는 핸드폰 파편 조각이 먼 훗날 우연히 발견되어 미래를 사는 사람들에게 미처 기록되지 못한 현재의 역사를 들려줄지 모른다는 것도. 그렇게 조각난 토기를 이어 붙이고 녹슨 철제낫의 이물질을 제거하며 오래되고 낡은 모든 것들이 들려주는 이야기에 귀 기울였다. 그리고 유물을, 나아가 삶을 좀 더 다정하게 바라보는 법을 배웠다.

이 책은 유물이 새로운 존재의 의미를 부여받고 두 번째 생을 살게 되기까지, 보존과학실에서 유물을 가장 먼저 마주하는 한 보존과학자의 유물 이야기다. 1부는 발견된 유물을 옮겨와 보존, 복원하고 전시, 또는 수장고에 보관하기까지의 이야기를, 2부는 발견된 유물들의 아직 발견되지 못한 이야기와 역사와 유물에 작은 관심을 가진 누군가와 꼭 한 번쯤 나누고 싶었던 이야기를 담았다.

이 책이 그 작은 관심을 가진 누군가에게 부디 발견되기를 바라본다. '우연히'라도. 더불어 이 책을 읽는 당신의 일상에, 또 우리를 둘러싼 오래된 것들에 다정한 시선이 깃드는 계기가 되어준다면 더 바랄 것이 없겠다.

목차

"보존과학자는 유물이 유리 케이스 안에서 화려한 조명을 받기까지 어떠한 시간을 지나왔는지, 아직 세상에 꺼내지 못한 그들의 이야기를 복원하는 사람이다. 수백 년, 수천 년의 세월을 뛰어넘은 그들의 이야기는 연구동에서 보존과학자의 손길에 의해 오랜 침묵을 깨고 시작된다."

1부 。

발견된 것들의 이야기

어느 보존과학자의 출근길

시간을
복원하는
사람들

어느 날 누군가가 출근하는 나의 뒷모습을 찍어준 적이 있는데 보고는 흠칫 놀랐다. 감옥처럼 보이는 건물로 걸어 들어가는 것 같았기 때문이다. 사방이 철창으로 둘러싸인 우중충한 회색 외벽에 단조롭기 그지없는 네모난 건물, 오로지 '연구'만 할 것 같은 이곳이 매일 내가 출근하는 공간이다.

박물관에서 전시관, 교육관 같은 공간은 많은 관람객이 드나드는 장소인 만큼 저마다 특색 있게 디자인되어 이목을 끄는 경우가 많다. 하지만 내가 근무하는 연구동은 유물을 보관하는 수장고가 위치하고 있어 대부분 제한된 인원으로 허가받은 사람들만 출입할 수 있다. 그래서인지 건물도 눈에 잘 띄지 않고 외딴섬처럼 우뚝 서 있는 느낌이 든다.

처음 박물관에 출근했을 때 미로 같은 공간의 수장고 위치를 외우느라 애먹은 기억이 난다. 수장고는 누군가에게 드러내기보다 최대한 사람의 출입을 제한하고 유물의 안정성에만 초점을 맞춰 만들어진 비밀스러운 공간이다. 심지어 휴대폰도 잘 터지지 않고, 박물관 직원이어도 혼자서는 들어갈 수 없다. 한마디로 금단의 영역이다.

외부 사람들이 수장고 앞에 서면 문의 거대함과 묵직함에 놀란다. 한국은행의 금고처럼 이중, 삼중의 장치가 되어 있는데 이토록 어렵고 복잡하게 설계된 덕분에 관계자조차도 불가피한 일이 아닌 이상 수장고의 문을 쉽게 열지 않는다. 보안이 철저한 이유는 단순하다. 유물을 보관하는 곳이기 때문이다. 짧게는 수백 년, 길게는 수천 년간 생을 이어온 유물들은 작은 변화에도 훼손되기 쉽다. 약해진 유물들은 사람들이 드나드는 환경에 놓이는 것만으로도 변화를 일으킬 수 있다. 심지어 우리가 숨 쉬면서 내뿜는 이산화탄소도 유물에 영향을 줄 수 있다. 또한 수장고에는 최소한 2인 1조로 출입해야 한다. 유물의 출격납을 혼자 할 경우 파손 등의 문제가 발생할 수 있어 유물을 잘 다룰 수 있는 베테랑과 그를 보조하는 인원이 동행한다.

전시 대상인 유물을 보관하는 수장고와 보관하는 유물들을 보여주는 전시관은 박물관에서 가장 중추적인 건물이다. 그렇다면 전시는 언제부터 시작됐을까? 학자들은 기원전 284년, 이집트 알렉산드리아 궁전에 그림과 조각을 전시한 데서 시작되었다고 본다. 당시의 전시는 위정자의 권력과 과시욕을 보여주는 수단으로 활용되었기 때문에 진정한 의미의 전시로 보지 않는다. 이러한 전통은 중세까지 이어졌다. 17세기에 들어서 작품을 전시하거나 보관하기 위해 만든 가구를 '캐비닛'이라 불렀고, 1667년 프랑스 루브르 궁전에서 개최된 전람회에서 '갤러리'라는 용어가 처음으로 등장했다. 이때까지도 전시는 권력자와 소장가 들만의 전유물이었으나 이후 우리가 아는 전시라는 개념을 형성하는 데는 크게 기여했다.

우리가 아는 개념의 전시는 19세기에 들어서 등장한다. 전시 대상이 누군가의 전유물이 아닌 공공재라는 인식이 생기면서 모두에게 공개하는 박물관의 역사가 시작되었다. 그때까지도 전시장은 열렸으나 수장고는 여전히 공개 대상이 아니었다. 하지만 최근 들어 수장고에 보관된 유물들을 어떻게 보존, 관리하고 있는지 빗장을 열어 보여주는 전시가 기획되면서 수장고의 역할이 달라졌다. '보관'만 하는 공간에서 '전시'도 하는 공간으로 변모한 것이다.

그중 눈길을 끄는 전시가 있었는데 2016년 국립중앙박물관에서 개최한 '〈신안해저선〉에서 찾아낸 것들'이 그것이다. 〈신안해저선〉은 원나라에서 일본으로 가던 중 거센 풍랑으로 인해 전라남도 신안에 침몰된 배다. 〈신안해저선〉은 2만 4천여 점의 어마어마한 유물이 출토되어 대한민국 최대 수중 발굴의 역사로 기록되었다. 발굴 40주년을 맞이하여 당시 출토된 막대한 유물들을 가장 효과적으로 보여주기 위해 총 2만여 점의 유물을 한꺼번에 선보였다. 전시는 〈신안해저선〉을 그대로 옮겨놓았다고 해도 과언이 아닌 수장형 전시로 기획되었다. 이를 계기로 수장고는 유물을 은밀하게 보관만 하는 공간이 아니라 유물을 어떻게 보존, 관리하고 있는지를 보여주는 전시 역할까지 아우르기에 이르렀다.

전시장에 처음 들어설 때 관람객은 보는 행위를 통해 문화유산을 처음 마주한다. 얼핏 보면 그냥 진열해 놓은 것 같지만 받침대 위에 하나하나 놓인 유물에는 모두 기획자의 의도가 들어간다. 무엇을 어떻게 보여줄 것인가? 그 속에 담긴 역사적 의미를 펼쳐서 보여줌으로써 관람객이 이를 알아차리길 원한다.

전시 기획자가 너른 전시장에서 관람객에게 유물이 품은 이야기를 어떻게 들려줄지 고민하는 사람이라면, 보존과학자는 보안이 철저히 유지되는 연구동에서 유물이 유리 케이스 안에서 화려한 조명을 받기까지 어떠한 시간을 지나왔는지, 아직 세상에 꺼내지 못한 그들의 이야기를 복원하는 사람이다. 유물이 시간의 무게에 짓눌리지 않도록 든든하게 그들의 등 뒤에서 버티고 서 있는 조력자다. 우리는 특별하게 허락된 시간 속에서 숨겨진 유물의 사연을 조심스럽게 두드린다. 수백 년, 수천 년의 세월을 뛰어넘은 그들의 이야기는 연구동에서 보존과학자의 손길에 의해 오랜 침묵을 깨고 시작된다.

전시기획자는 '전시'로 관람객에게 잊힌 역사를 보여주고, 보존과학자는 유물의 영구적인 '보존'이라는 과제 앞에서 끊임없이 고민한다. 서로 공존하기 어려운 주제이지만 문화유산의 가치를 공유하고 그 중요성을 알리기 위해서는 '보존하기 위한 전시' 또한 필요하다. 이를

+ 유물이 화려한 조명을 받기까지
그들의 시간을 복원하는 사람,
보존과학자.

'청자에 담긴 차와 술 문화 고려음'
전시 장면

위해 보존과학자는 보존과학실이라는 내밀한 공간에서 유물이 최상의 환경에서 관람객들을 만날 수 있는 방법을 생각하고 구현해 낸다.

오늘도 나는, 한때 가정집에 하나씩은 걸려 있었다는 영국 화가 조슈아 레이놀즈 경의 〈어린 사무엘〉 그림 속 소년처럼 '오늘도 무사히'라는 간절한 기도를 하며 마음의 매무새를 고치고 박물관 연구동으로 들어선다. 오랫동안 멈춰버린 유물들의 시간을 복원하기 위해. 그리고 그들이 들려줄 이야기에 귀 기울이기 위해.

보존처리 전 조사 1

당신을
보여
주세요

책상 위에 놓인 유물을 가만히 바라보고 있으면 가끔은 사라지지 않고 지금 이 세상에 존재하는 것이 기적 아닌가, 하는 생각이 든다. 그럴 때면 사라지지 않고 이곳까지 올 수 있었던 운명적 이유를 찾아 상상해 본다.

백제 땅에서 이 칼을 차고 있던 주인공의 영혼 때문일까? 아니면 칼을 만들기 위해 수백 번 망치로 내리쳤던 대장장이의 땀일까? 우주에서 지구가 탄생하면서 만들어져 누군가의 곡괭이질로 어두컴컴한 광산 속에서 꺼내졌던 시뻘건 철광석의 당김일까?

자연의 에너지가 담긴 재료가 수많은 이들의 시간과

노력이 더해져 하나의 칼로 태어나고 자기만의 이야기를 품은 채 지금 내 앞에 존재한다. 얼마나 경이로운가? 그 위로 겹겹이 서로 다른 시간의 층위가 쌓이고 흙과 먼지로 본연의 모습이 감춰지거나 깨지고 부서져 자신의 모습을 잃어버린 상태로 말이다.

삼국의 전쟁이 치열하게 일어나던 시기에 끝까지 자신들의 땅을 지키기 위해 분투했던 이름 모를 장군의 손끝에서 멀어진 이후 칼은 차가운 흙 속에 묻혔다. 수많은 이들의 피와 슬픔을 뒤로한 채 이제 자신에게 부여된 역할을 마치고 편안해지기로 결심했다.

얼마큼의 시간이 흘렀을까? 칼은 자신의 몸이 이상해지는 것을 느꼈다. 자신을 덮었던 메마른 흙 위로 후드득 물방울이 떨어지기 시작했다. 흠뻑 젖는 기분도 나쁘지 않았다.

칼은 서서히 몽롱한 기분에 빠져들었다. 정신을 차리고 보니 매일 갈고닦아 서슬이 매섭던 칼끝에 덕지덕지 무언가가 붙어 있었다. 그것이 무엇인지 모르지만 왠지 자신의 일부가 되어버린 느낌이다. 또 그렇게 시간은 흘러갔다. 빛 한 줄기 새어들지 않아 사위가 온통 캄캄하고 적막만이 가득 찬 날들이 계속되었다.

그러던 어느 날 갑자기 눈앞이 환해지면서 과거의 자신처럼 단단하고 차가운 물체가 툭툭 자신을 깨우기 시작했다. 눈을 떠보니 셀 수 없이 많은 이들에게 둘러싸여 있었고 이들은 나를 요리조리 뜯어보면서 '찰칵' 소리를 내는 기계를 연신 들이밀었다. 하루는 소녀의 모습을 한 이가 내 앞에서 한참을 쪼그려 앉아 붓같이 길쭉한 막대기를 들고 나를 그리는 듯했다.

며칠이 지났을까? 갑자기 사람들이 몰려와서 나를 덮고 있던 흙을 모조리 파내기 시작했다.

그 순간 나는 알게 되었다. 내가 지금 온전한 상태가 아니라는 사실을. 내 일부는 부러지고 조각나 있었다는 것을 말이다. 아프진 않았지만 왠지 이 조각들과 이별할 것 같은 생각이 들었다. 이내 정신이 아득해졌다.

다시 눈을 떴을 때는 너무도 눈부신 빛이 나를 향해 쏟아지고 있었다. 몸속 깊이 뜨거운 액체가 쑤욱 들어와 내 몸에 흐르는 에너지와 만나는 것 같았다. 이내 누군가의 따뜻한 온기가 느껴졌다. 그는 아주 오래전 소중한 것을 만질 때 느껴지던 다정한 손길로 나를 만지고 있었다.

이상은 유물이 출토되어 보존과학실로 옮겨올 때 유물이 느끼게 될 감정을 의인화하여 표현해 본 것이다. 익숙했던 환경에서 빠져나와 낯선 공간과 공기, 그리고 손길을 겪게 될 유물의 입장을 떠올려봤다.

세상에 자신의 존재를 드러낸 유물을 마주한 보존과학자는 머리끝부터 발끝까지 유물의 모든 것을 속속들이 알아내기 위해 노력한다. 어떤 재료로 만들어졌는지, 완전한 형태인지, 눈에 보이지 않는 문제는 없는지, 현대과학의 발전으로 일구어낸 첨단기기인 X-ray, CT 등을 이용하여 본격적인 보존처리를 하기 전에 유물이 어떤 상태인지 정확히 알아내야만 한다.

유물은 스스로 말하지 않는다. 다만 존재할 뿐.

우리가 건강검진을 받을 때 키와 몸무게를 재는 것처럼 보존처리 전 조사에서도 가장 먼저 기본적인 크기와 무게를 확인한다. 이후 재질부터 고고학적, 미술사적으로 어떤 형식을 지녔는지, 역사적으로 어떤 의미가 있는지 등을 점검하는데, 이때 그동안 유물을 둘러싸고 연구된 학문적 성과가 빛을 발하기도 한다. 많은 연구자들의 노력 하나하나가 모여 우리는 살아보지 못한 시간인 과거에 이 유물을 어떤 목적으로 만들었고 사용했는지를 짐작해 볼 수 있다.

처리 전 조사는 중요하지 않다고 여기는 일부 사람들은 간단하게 크기, 무게만 측정한 뒤에 바로 처리에 들어가기도 한다. 어떤 유적, 토층에서 출토되었으며 그 사실이 무엇을 의미하는지는 실제 처리 과정에 큰 영향을 주지 않기 때문이다.

철제 칼이 지닌 물리화학적인 재질의 특성이나 정보는 처리 시 사용할 약품과 방법을 결정하는 중요한 조사다. 하지만 이 철제대도가 백제와 신라의 치열한 전쟁이 일어났던 관산성(지금의 충북 옥천)에서 출토된 유물인지, 4세기쯤 아파트형으로 만들어진 나주 복암리 유적에서 나온 유물인지는 보존처리 과정에 큰 영향을 주는 요소가 아니다. 또 유물과 관련 있는 기존 연구 결과에 너무 집중하다 보면 처리 과정에서 새롭게 드러나는 사실이 부담스럽게 다가올 수 있다. 처리 과정에서 선입견을 갖지 않기 위해서라도 최소한의 정보만 인지한 채 보존 작업에 들어가기도 한다. 처리 전 조사는 생각보다 시간이 오래 걸려서 보존과학자가 굳이 이런 내용까지 알아야 하나, 하는 의구심도 생긴다. 하지만 보존처리 자체의 행위만을 앞세우면 유물이 지닌 역사적, 문화적 의미를 놓치고 만다.

보존과학자는 유물을 복원하는 행위 자체보다 이 과정이 어떤 의미를 지니는지 그 행간을 읽어야 한다. 단순히 물건을 수리하는 것이 아니라 알려지지 않은 시간의 역사를 복원하고 있음을 각성해야 한다. "당신을 보여주세요."라고 유물에게 구애하는 지금이 보존처리 전체 과정에서 가장 중요한 순간임을 알아채야 한다.

처리 전 조사를 마무리하면 한 장의 카드 속에 그들의 이야기를 담는다. 사이즈는 어떤지, 몇 그램인지, 어디에서 출토되었는지, 어느 시대에 빛나던 물건이었는지. 보존처리 이후에는 처리 전후의 사진, X-ray 등의 다양한 분석 결과, 어떠한 과정으로 보존처리가 되었는지 꼼꼼히 기록으로 남긴다.

존재로써 스스로를 증명하는 유물에게 알아낸 정보

는 모두 유물의 또 다른 일부가 된다. 유물의 신분증이랄까? 우리가 성인이 되어 한 사회의 어엿한 구성원으로서 주민등록증을 만들 때 제일 먼저 사진을 찍는 것처럼, 존재를 증명하는 이 시대의 기록으로 새롭게 쓰이는 순간인 것이다.

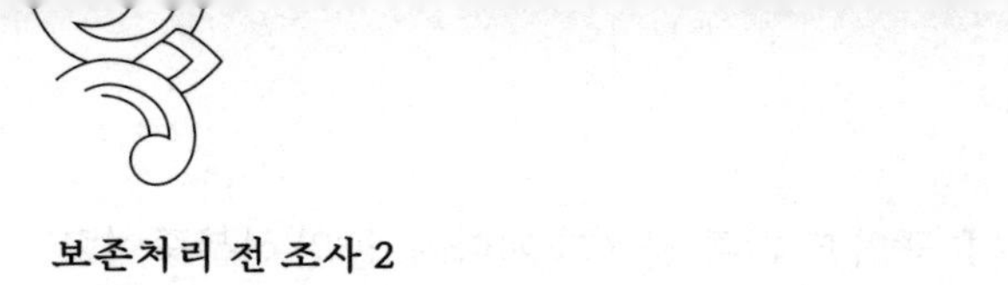

보존처리 전 조사 2

보이지
않는 것을
보는 힘

보존처리는 유물을 바라보는 데서 시작한다. 말간 눈으로 바라보고 있노라면 나에게 말을 걸 것만 같다. 출토되어 박물관으로 옮겨진 유물을 처음 맞이할 때는 이리저리 전후좌우 살피며 최대한 담백하게 보려고 한다. 이때 보이는 그대로의 모습을 믿어도 될까? 보존처리가 필요한 유물들은 한눈에 봐도 아파 보이는 것이 있는 반면, 겉으로 보았을 때는 멀쩡해 보이는 것도 있다. 하지만 보이는 모습만 믿고 유물을 들어 올렸다가 자칫 산산조각 나는 짜릿한(?) 경험을 맛볼 수도 있다.

보이지는 않지만 유물 내부에는 미세한 변화가 끊임

없이 일어나고 있다. 여기에 유물을 위협하는 나쁜 조건들이 여럿 겹치면 손쓸 수 없을 정도가 되어 복원이 불가능한 상황이 펼쳐진다. 안타깝게도 육안으로 유물의 상태를 알아차리기란 쉽지 않다. 그래서 보존과학실에는 사람의 눈이 지닌 한계를 극복해 주는 기능이 탑재된 과학기자재들이 많다. 눈으로는 볼 수 없는 미세한 영역을 보여주는 현미경, 마찬가지로 눈으로는 구별할 수 없는 색의 차이를 구별하는 색차계, 물질마다 다른 고유의 값인 밀도의 차이로 재료를 파악하는 X-ray 등 수많은 과학기기가 우리가 알고 싶어 하는 정보를 보여준다.

보이지 않는 것을 보는 힘은 그것을 보고자 하는 사람의 마음이 있어야 보인다. 아무런 문제가 없다고 생각하는 마음으로 유물을 바라보면 크게 눈에 띄지 않는 자그마한 현상은 대수롭지 않다며 지나칠 수 있다. 이는 비단 막 출토된 유물뿐 아니라 복원되어 수장고에 보관 중인 유물에도 해당된다.

수장고에 보관된 토기들은 대부분 완전한 모습으로 출토되는 경우가 없다. 땅속 깊이 묻혀 있는 동안 흙과 세월의 무게에 짓눌려 깨지고 조각난 상태이기 때문에 본래의 모습으로 돌아가기 위해서는 접합과 복원의 과정을 거치게 된다. 떨어진 편을 붙일 때는 접착제가 필요한데 시간이 흐르면 접착력이 떨어진다. 예전에는 굳고 나면 단단해지는 성질 때문에 석고를 이용하여 복원하는 일이 많았는데, 무게가 많이 나가는 옹관 같은 유물은 중력 등의 힘이 작용해 시간이 흐르면 석고로 작업한 부분과 분리되기도 한다.

옹관은 사람 키보다 큰 탓에 공간을 많이 차지한다. 이 때문에 일부 전시되는 유물을 제외하고는 수장고 한편에 우두커니 세워 보관하는 경우가 많다. 옹관의 접합이나 복원은 크기와 무게 때문에 혼자 할 수 없다. 보존처리 과정 역시 무척 까다롭다. 석고나 에폭시수지 등으로 어렵게 접합하여 복원하더라도 공간이 한정된 수장고의 사정상 눕히지 못하고 세워서 보관하면 중력이 작용하여 무게가 유물을 짓누르게 된다. 이러한 일들은 말을 하지 못하는 유물들이 수장고 안에서 시간을 보내는 동안 보이지 않게 서서히 일어난다. 그러다 어느 날 유물을 전시하거나 정리할 때가 되어서야 크고 작은 균열이 드러난다. 출토되어 보존처리가 끝나 수장고에 보관 중인 유물이라고 하더라도 만지기 전에 먼저 상태를 확인해야 하는 이유다. 전시 대상이거나 다른 박물관에서 대여 요청이 들어온 유물이라도 유물의 상태가 좋지 않으면 전시는 이루어지지 않는다.

멀리서 보면 아무렇지 않아 보이지만 들여다볼수록 모래 위에 지어진 성처럼 위태위태해 보이는 유물들이 많다. 그러므로 눈에는 보이지 않지만 자연의 힘이 어떻게 유물을 지배하고 있는지에 대한 충분한 조사가 필요하다. 이는 인간이 지닌 한계를 극복해 주는 과학기기로 실현된다.

보존과학과 과학은 아주 밀접한 관계를 맺고 있다. 보

존과학을 위한 과학은 따로 없다. 과학의 발전이 보존처리 과정에 접목되므로 과학과 보존과학은 궤도를 같이한다고 볼 수 있다. X-선은 독일의 물리학자인 뢴트겐이 발견했는데 스스로도 '자신이 미쳐서 환각을 보는 게 아닌가?'라고 생각할 만큼 놀라운 발견이었다. 이름 역시 알지 못한다는 의미를 담아 X-선이라 붙였다. 발견 초기에는 발을 촬영해 신발을 제작하는 용도로 사용되었다고 한다. 이후 높은 투과성으로 사람의 신체 내부를 볼 수 있다는 점에 주목하면서 의학 분야에도 적용되었다. 사람의 신체처럼 유물 또한 외부의 손상 없이 내부를 관찰할 수 있다는 측면에서 X-선을 이용한 분석이 활발하게 이루어졌다.

보이지 않는 것을 보는 힘은 과학을 통해 현실이 되었지만 그 시작은 유물에 대한 관심과 안녕을 비는 보존과학자의 마음에 있다. 보이는 모습만 보고 충분한 조사 없이 섣부르게 처리부터 시작하면, 처리 전 사진만 남긴 채 산산조각 난 파편으로 남아버린 유물을 마주하는 일이 생길 수 있다. 유물을 들어 올리는 순간 내 눈앞에서 깨져 버리는 끔찍한 일을 마주한 보존과학자는 한동안 외상 후 스트레스 장애(PTSD)를 겪기도 한다.

유물을 앞에 두고 보이지 않는 것을 보려 애쓸 때마다 종종 찰리 채플린이 한 말이 떠오른다. "멀리서 보면 희극, 가까이서 보면 비극" 가까이서 보아야, 오래 보아야, 그것을 보려는 마음이 있어야 보이고 알 수 있는 것들이 우리 인생에도 많다. 유물 보존처리도 보이는 모습만 보고 지나치면 그 순간엔 편하다. 하지만 그때 알아차리지 못한, 혹은 알아차리기 싫었던 것은 이내 더 깊고 심각한 결함이 되어 돌아온다.

멀쩡해 보이는 유물 이면의 모습을 살피려 애쓸 때면, 나는 주문을 외워보곤 한다. "보이지 않는 것을 보려는 힘, 그 마음을 잊지 않기를." 유물을 복원하듯, 나를 둘러싼 관계에서도 내 일상에서도 내 삶에서도.

보존처리 전 사진 촬영

가장 '예쁘게'가 아닌 지금의 '나답게'

사진의 한자 뜻은 베낄 사(寫)에, 참 진(眞)이다. 있는 그대로 진짜 모습을 똑같이 남기는 것을 의미한다. 사진기가 등장하기 전에는 화공들이 손으로 그렸다. 당시 화공들은 그림을 어떻게 그렸을까?

조선시대 회화 중 유명한 '공재 윤두서'의 자화상을 보고 있자면 묘한 느낌에 사로잡힌다. 부릅뜬 눈으로 자신을 바라보고 있는 상대를 꿰뚫는 듯한 느낌. 조선시대의 그림은 '전신사조(傳神寫照)'라 하여 대상의 외형적 모습뿐만 아니라 정신세계까지 느낄 수 있도록 생동감 있게 그렸기 때문이다. 보이는 모습 그대로에서 나아가 그

속에 담긴 정신까지도 그려낸 그림은 당시의 시대정신을 담고 있다.

현대를 사는 우리가 SNS에 올리기 위해 찍는 사진들은 무엇을 담고 있을까? 타인에게 보여주고 싶은 마음에 찍은 이미지를 다양한 필터와 효과로 한껏 치장하기도 하고, 반대로 전혀 꾸밈없는 날것을 찍어 보여주기도 한다. 내가 선호하는 사진이 어느 쪽이든 사진에는 찍는 이가 무엇을, 어떻게 표현하고자 하는지가 드러난다. 단 한 장의 사진에도 세상을 바라보는 자신만의 시선이 담긴다.

그렇다면 보존과학실에 들어온 유물들의 사진은 어떻게 찍을까?

오랜 시간의 무게를 견뎌온 문화유산이 더 이상 버틸 수 없어 여기저기 아프기 시작할 때 이를 알아채는 것은 아주 중요하다. 우리 몸도 병이 시작되는 초기에는 가벼운 증상이 나타나다 병이 깊어질수록 눈에 띌 만큼 병색이 완연해진다. 문화유산도 마찬가지다. 의사가 환자에게 어디가 아픈지 평소 가진 질병이 있는지 가족의 병력은 무엇인지를 묻는 것처럼 유물도 재료에 따른 특성이 있고 제작 과정에서 생긴 결점이나 사용하면서 남은 흔적이 있다. 지속 가능한 유물의 보존을 위해서는 결점과 흔적 등이 고스란히 드러난 있는 그대로의 모습을 사진으로 남겨야 한다.

물론 보존과학실에 옮겨오기 전에도 사진이라면 숱하게 찍혔을 것이다. 땅속에 묻혀 있다 세상에 다시 모습을 드러낸 그 순간, 혹은 아주 특별한 유물이어서 발견과 함께 이목을 끌어 화려한 스포트라이트를 받고 마치 단독으로 화보에 실리는 모델처럼 가장 예쁜 모습으로 전시도록에 넣을 사진을 촬영했을지도 모른다.

하지만 보존과학실로 온 유물이 찍는 사진은 그런 사진과는 다르다. 사진을 찍는 의미와 목적이 다르기 때문이다. 보존과학자의 손이 닿기 전에 찍는 사진은 유물의 가장 예쁜 모습이 아닌 현재의 상태를 가장 정확하게 보여주는 사진이어야 한다. 그래야 잘 찍은 사진이다.

저마다의 이유로 망가지고 깨진 유물의 본모습 그대로 사진을 찍어야 한다. 어쩌면 그것은 유물이 세상에 처음 태어났을 때의 모습이 아닐지도 모른다. 그럼에도 지금 찍는 사진은 낡고 녹이 슬어버린 보잘것없고 형편없는 모습 그대로를 담아야 한다.

지금 모습을 정확히 알아야 사라진 부분, 닳아서 형태가 달라진 부분을 알 수 있다. 또한 유물이 당시 어떻게 쓰였으며 어떤 환경에서 사용되었는지 짐작해 볼 수 있다. 그렇기에 조금은 부족하고 못난 모습일지라도 단장하고 완벽한 모습이 아닌 있는 그대로의 모습을 찍어놓는 것은 아주 중요하다.

앞으로의 기나긴 과정에서 지금 모습 그대로를 기록하는 것, 이는 다시 찾아올 회귀점과도 같다. 설령 길을 잃더라도 이 사진을 보면서 본래의 나로 되돌아올 수 있게 하는 것이다. 보존처리 전에 찍은 사진은 혹 보존처리를 위해 유물을 해체하더라도 원래의 모습으로 돌아올 수 있도록 도와준다. 보존처리에서 가장 중요한 일은 '원형의 모습 그대로' 유지시켜 주는 것이다. 하지만 유물은 작은 충격에도 손상을 입을 수 있기 때문에 처리 전에 사진을 찍어두지 않으면 애를 먹게 된다.

유물의 어떤 부분이 없어졌는지, 어떤 부분이 복원된 것인지 확인할 수 있는 처리 전 사진은 보존처리의 첫 시작이자 가장 중요한 일 중 하나다. 사진을 촬영할 때는 전체 모습은 물론이고 전면, 후면, 측면 모두 찍어두어야 한다. 또한 세부적으로 알아야 할 유물의 모든 모습을 기록으로 남긴다. 과하다 싶을 정도로 남겨두어야 혹시 모를 상황에 대비할 수 있다.

재보존처리를 하는 유물의 경우 완전히 해체한 뒤에 다시 완성하는 과정을 거치는데 자칫 접합 순서가 흐트러질 수도 있다. 대부분 전체 형태를 알고 있어 대략의 위치를 특정할 수 있지만 일부 편은 제 위치를 찾기 위해 몇 달을 고군분투하는 일도 생긴다. 이때 자세히 찍어둔

+ 가장 '예쁘게'가 아닌
가장 '나다운' 지금의 모습으로.

〈대승기신론의기〉
©국립중앙박물관 e-뮤지엄

사진은 접합 시간을 단축할 수 있는 좋은 길잡이가 되어 준다.

망가지고 부서진 모습을 남기고 싶은 사람은 없을 것이다. 대부분 가장 빛나고 아름다운 순간을 기억하기 위해 사진을 찍을 테니. (하지만 돌이켜 보면 특별하고 반짝거리던 하루보다 아주 평범하거나 서글펐던 날들이 기억에 더 오래 남기도 한다.) 유물도 자신의 찬란했던 과거의 모습이 아니라 녹슬고 더 이상 쓸모없어진 자신의 모습이 썩 마음에 들지 않을지도 모른다. 하지만 물건이든 인간이든 세상에 태어나 한 시기를 누린 모든 것들에게 생의 마지막 순간이 다가오는 것은 자연의 순리다. 그 대자연 앞에 물건도 사람도 그저 묵묵히 자신의 길을 걸어가는 존재일 뿐이다.

찬란하든 그렇지 않든 언젠가는 모두 추억의 대상이 될 '삶의 한 순간'이라고 생각하면 지금 나는 어떻게 살아야 하는지, 훗날 지금을 어떤 모습으로 기억하고 싶은지에 대한 답을 알 것도 같다.

'가장 예쁘게가 아닌 가장 나다운 모습'으로 살자, 생의 모든 순간을.

처리 계획

역사와 과학,
그 사이
어디쯤

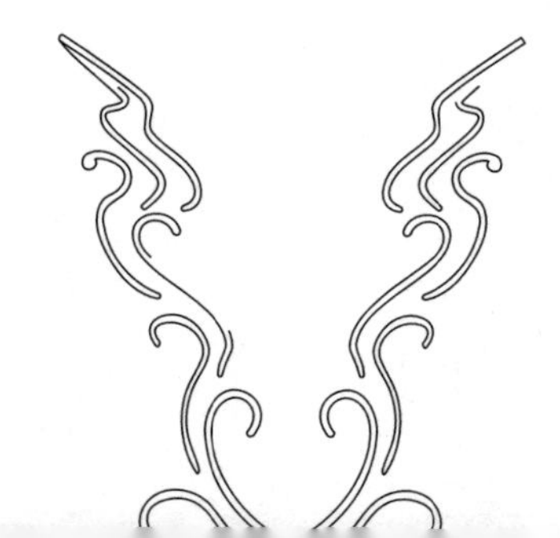

가끔 보존과학에 관심을 갖고 자신의 진로를 고민하는 분들이 물어오는 질문 가운데 하나가 "문과를 가야 하나요? 아니면 이과를 가야 하나요?"이다. '보존과학'이라고 하니 자연계가 맞는 듯한데 앞에 '문화유산'이 붙으니 고개가 갸우뚱해진다. 보존처리는 과학의 영역일까? 인문학의 영역일까?

이과를 나온 사람은 대개 유물을 처음 보면 '물질'적인 측면을 먼저 바라보게 된다. 금속인지, 목재인지, 도자기인지, 이후에는 그들이 가지는 물성적 특징이 무엇인지, 이 유물을 보존하기 위해서는 어떠한 약품과 방법을 사용해야 하는지를 떠올린다.

문과를 나온 사람은 어떨까? 어디에서 출토되었는지 확인하고 유물이 사용된 시대, 그리고 그 속에 담긴 이야기의 흔적을 찾을 것이다. 물건이 만들어진 시공간으로 건너가 당시 사람들을 통해 유물을 이해하려는 것이다.

그렇다면 보존과학은 이과를 나온 사람이 맞을까, 문과를 나온 사람이 맞을까? 유물의 물성적 특징만 잘 알면 보존처리를 잘할 수 있을까? 철의 특성을 조사하고 관련 지식을 알고 있다면 철제낫을 처리하는 데는 어려움이 없다. 하지만 "낫 놓고 기역 자도 모른다."는 말이 있다. 낫의 모양이 'ㄱ'자이기 때문에 나온 속담이다. 이과적 정보만을 가지고 보존처리를 하면 딱 이 속담에 맞는 상황이 펼쳐질 수 있다. (낫은 학술 용어로 철겸이라고 부른다. 요즈음은 전시 용어도 우리말 풀어쓰기를 하는 추세라 철제낫으로 풀어쓴다.)

인문학의 눈으로 보면 농기구로서의 철제낫은 어떤

의미가 있을까? 청동기와 초기철기 시대에는 반달돌칼이나 칼을 사용해 곡물의 이삭만 따는 방식으로 수확했다. 조, 수수, 기장, 벼 등은 여무는 시기가 다르다. 모내기법은 볍씨를 모판에서 일정 기간 길러 모종으로 만든 다음 논에 심어 재배하는 방식인데, 이전에는 땅에 볍씨를 직접 심어서 길러냈다. 이러한 방법으로 기르면 저마다 성장 속도가 달라 한번에 수확하기 어려웠다. 즉 낟알이 익은 정도에 따라 선별해서 수확했는데, 이삭만 따는 방법으로 수확할 때 적합한 도구는 반달돌칼이었다.

그러던 것이 4세기 이후 낫이 보급되기 시작했는데, 농업 기술이 발달하면서 집중 수확이 확산되자 낫의 이용이 빈번해졌다는 해석이 있다. 낫은 철제이기 때문에 철보다 약한 재질인 풀이나 나무 등을 자르거나 벨 수 있는 단단한 도구였다. 또 전쟁과 같은 유사시에는 긴 자루에 달아 말을 탄 적을 끌어당기는 무기로 사용되었다고 보기도 한다. 이는 발굴 조사에서 수확용으로 쓰던 낫의 형태와 다른 낫이 발견되었기 때문인데, 나무를 끼우는 부분인 슴베가 거의 직각인 형태로 나무를 쉽게 끼울 수 있게 되어 있다. 낫을 사용하면 가장 많이 사용된 부분이 닳아 사용흔이 생긴다. 낫에 대한 정확한 문화적 이해 없이 그저 결손된 부분이라고 판단하고 복원하면 왜곡된 복원을 하게 된다. 문화재가 어떻게 사용되었고 어떠한 과정을 거쳐 소멸되었는지에 대한 고민 없이 유물을 대하면 잘못된 행위로 이어지는 것이다.

과학의 눈으로 보면 당시 금속 중에서도 가장 단단한 강도를 지닌 철로 만들어진 철제낫의 다양한 부식 형태에 초점을 맞추어 관찰이 이루어진다. 시대에 따라 모양이 변화하는 과정보다는 낫의 날이나 등 부위에 사용된 기술의 차이를 알아내는 데 주력한다. 두드려서 원하는 모양으로 만들어내는 단조기술로 제작했어도, 강도의 차이를 주기 위해 담금질이나 열처리를 하면 금속의 미세 조직이 변화하고 그로 인해 서로 다른 성질을 갖게 되기 때문이다.

이처럼 어떤 관점으로 유물을 바라보느냐에 따라서

유물에 대한 이해가 달라진다. 이는 앞으로 세우게 될 처리 계획에도 많은 영향을 준다. 왜곡된 복원을 하지 않으려면, 보존처리 전에 유물을 발굴하고 연구한 이들이 펴낸 보고서를 찾아 어떤 상황에서 출토되었는지, 이 유물이 지닌 역사적, 문화적, 학술적 가치는 무엇인지 충분히 숙지한 뒤에 처리 계획을 세워야 한다.

모든 유물은 처음엔 물질적 성질만 지닌 물건에 불과했지만 시간의 층위 속에서 당시 이 물건을 사용한 사람들의 기억, 그리고 기록이 쌓여 물건 이상의 가치를 지니게 된다. 보존과학자가 유물의 가치를 아느냐와 모르느냐는 실제 보존처리에서도 큰 차이를 만든다.

예를 들어 〈청동거울〉에 직물의 흔적이 있다고 생각해 보자. 이 직물을 두고 누군가는 그냥 붙어 있는 천 쪼가리라고 무심히 보고 지나쳐 버릴 수도 있다. 하지만 유물을 복원하는 사람이라면 물건의 주인이 거울을 고이 간직하기 위해 정성껏 싸두었던 보자기의 흔적일지도 모른다는 생각을 가져야 한다. 항상, 유물에 담긴 흔적의 역사와 의미를 생각하려는 자세가 필요하다.

보존처리에 앞서 세우는 물리화학적인 처리 방법은 문화유산이 지닌 본래의 가치를 찾아주는 시작점과도 같다. 계획을 세울 때 담당자가 문과를 나왔는지, 이과를 나왔는지는 크게 중요하지 않다. 그저 서로 다른 방향에서 접근하기 쉬운 길을 알고 있을 뿐이다. 전공보다 중요한 건 한때는 흔하디흔한 것에 지나지 않았을 보잘것없어 보이는 물건 하나가 갖게 될 역사적, 과학적 가치를 알아봐 주는 마음과 눈이다. 이 유물이 들려줄 이야기에 정성껏 귀를 기울이는 자세다.

역사와 과학, 어느 한쪽으로만 치우쳐 보려 하지 않고, 양쪽 모두의 관점으로 바라볼 줄 알아야 유물의 보존과 가치를 함께 지켜낼 수 있다.

성분 조사

나를
쉽게 안다고
하지 마세요

예전에 이런 질문을 받은 적이 있다. 회색 빛깔의 화살촉을 살펴보고 있는데, 아무리 봐도 돌로 만든 것 같은데 가루처럼 쉽게 부스러진다는 것이다. 그는 이 유물이 정말 돌로 만들어진 게 맞는지 봐달라고 했다. 보내준 사진을 확인하자마자 '아…… 착각할 만하다.'라는 생각이 들 정도로 완벽한 회색의 화살촉이었다. 하지만 살펴보니 돌이 아니라 구리로 만든 동제유물이었다. 동제유물의 경우 부식으로 인한 이물질이 녹색이나 푸른색이 아닌 회색을 띠는 화합물이 생기기도 하는데, 얼핏 보면 돌화살촉으로 오해할 수도 있겠다 싶을 정도로 겉모습이 달라져 있었다.

각 재료들이 갖고 있는 특별한 성질은 사용 당시에는 대부분 크게 변하지 않는다. 하지만 유물은 제작 당시 배합 비율이나 묻혀 있던 환경에 따라 보이는 양상이 다른 경우가 종종 있다. 이때 보존과학에서는 눈에 보이는 것으로 판단하지 않는다. 과학적인 방법을 이용하여 유물을 구성하고 있는 재질을 파악하는 것이 원칙이다. 어떤 성분으로 이루어졌는지 아는 정성분석, 어떤 비율로 제작되었는지를 아는 정량분석을 해야 유물의 부식 양상이나 앞으로의 처리 및 관리를 정확하게 할 수 있는 근거를 마련할 수 있다.

사람들은 대부분 평소 알고 있는 지식이나 그간 겪은 경험을 토대로 어떤 현상을 판단한다. 어쩌면 그것 또한 넓은 의미에서 데이터베이스의 축적이라고 할 수 있다. 실패든 성공이든 경험에 의한 데이터는 계속 쌓일 테니까.

하지만 보존처리에 앞서 여러 분석을 할 때는 경험이라고 부르는 애매모호한 방식을 근거로 삼으면 안 된다. 과학적인 방법으로 성분을 분석하고 비율을 확인해 최대한 오차를 줄여야 한다. 이때 누가 분석을 하더라도 똑같은 결과를 얻을 수 있도록 명확한 기준을 세워야 한다. 그것이 오차를 줄이는 방법이다. 분석하는 사람마다 다른 기준을 갖고 있다면 결과 역시 달라지기 쉽다.

보존과학이 시작된 이래 몇 차례 비약적인 발전을 거듭했는데 이는 보존과학만의 성과가 아니라 과학 분야의 성장과 비례한다. 보존과학만을 위한 분석법이 따로 있는 게 아니라, 과학적 분석 방법이 다양해지고 이를 적용하게 되면서 함께 성장해 왔기 때문이다. 그렇다면 확인된 과학적 분석 방법을 그대로 문화유산에 적용할 수 있을까?

문화재 보존과학에서 분석은 크게 유물에서 시료를 채취해서 이를 파괴하는 파괴 분석과 유물을 파괴하지 않고 진행하는 비파괴 분석으로 나눌 수 있다. 당연히 비파괴 분석보다 파괴 분석을 할 때 더 정확한 결과를 얻을 수 있다. 그렇다면 가장 정확한 사실을 알기 위해 유물을 깨뜨려서 분석하는 것이 최선일까?

예를 들어 고려청자의 경우 '천하제일 비색청자'라고 일컬을 만큼 종주국이던 중국과도 다른 독특한 색과 기운을 지니고 있다. 그간 최고라 일컫는 도공들이 이 비색을 내기 위해 수많은 시도를 했으나 번번이 실패로 돌아갔다.

흙과 불과 유약의 삼박자를 구현해 내야만 하는데 당시 이 기술은 그 누구에게도 전해주지 않던 비밀이었을 것이다. 비밀을 지닌 도공이 이를 알려주지 않고 죽으면 이 비밀 또한 묻혀버렸다. 과학기술이 발전하자 보존과학자들은 비색청자의 비밀을 알아내기 위해 다각적으로 시도했다. 하지만 정확한 데이터를 얻기 위해 완형의 고려청자를 파괴 분석으로 부수어 분석하는 것은 "빈대 잡으려고 초가삼간 태"우는 일과 같았다. 귀한 유물을 깨뜨

\+ 문화재 보존과학은
알아내기 위한 과학이 아니라
지키기 위한 과학이다.

〈청자사자장식뚜껑향로〉
©국립중앙박물관 e-뮤지엄

려 모두가 알고 싶어 하는 정보를 알게 된다 한들 그 의미가 퇴색될 수밖에 없기 때문이다.

다행히도 과학적인 분석을 통해 고려청자를 만드는 방법이나 배합 비율에 어느 정도 접근했다. 하지만 분석을 기반으로 구워내도 당시의 비색을 구현하기는 힘들었다. 왜일까?

바로 흙 속에 포함되어 있는 철이온의 변화 때문이다. 밀폐된 가마에 계속 연료를 공급해서 불완전하게 연소가 일어나면 일산화탄소가 만들어진다. 일산화탄소는 청자 표면에서 산소와 결합하면서 이산화탄소가 되는데, 이때 산소 부족 현상으로 철이온이 변화하고 이 과정에서 푸른색을 띠게 된다. 하지만 고려청자의 천하비색은 단순히 철이온의 변화로만 만들어지는 것이 아니다. 수십 년간 그릇을 빚어온 도공들은 같은 유약을 발라도 청자를 구울 당시 바람의 양에 따라서도 색이 달라진다고 이야기한다. 그러니 고려청자의 비색은 수없는 실패를 거듭한 장인의 손끝에서 완성되었다고 말할 수 있다. 안타깝게도 고려청자를 만들었던 도공들은 사라진 지 오래다. 고려청자는 더 이상 만들 수 없다. 다행히도 우리가 원하는 것은 고려청자를 다시 만드는 것이 아니다. 당시 사람들의 열정과 위대한 노력으로 일구어낸 문화 강국의 정신을, 그들이 남긴 문화유산을 통해 이어받기를 원한다.

이러한 이유로 보존과학에서 이루어지는 분석은 비파괴 분석을 전제로 한다. 비파괴 분석은 멀리 돌아가는 방법이다. 시간도 더 오래 걸리고 과정도 지난하다. 그렇다 하더라도 보존과학은 문화유산이 지닌 원형을 보존하며 조금씩 천천히 다가가 연구하는 방법을 지향한다. 보존과학은 단지 알아내기 위한 과학이 아니라, 지키기 위한 과학이기 때문이다.

(회색 빛깔로 부식된 돌화살촉의 모습을 한 구리화살촉을 떠올리며) 많이 보아왔던 것이라고 쉽게 안다고 이야기하지 않고, ('이 비색의 비밀을 누구도 알아채지 못할걸?' 하며 도도

하게 자신을 뽐내는 고려청자를 떠올리며) 바로 이야기해 주지 않는다고 성급해하지 않으며, (마치 보존과학이 지향하는 것처럼) 한 걸음, 한 걸음, 묵묵히 상대를 향해 걸어가는 일, 어쩌면 우리가 타인을 대할 때 가져야 할 마음과 자세가 유물과 친해지는 방법과 같지 않을까.

응급 보존처리

멈췄던 시간이
다시 흐르면
일어나는 일들

땅속에 묻힌 문화유산들이 어떤 시간을 보낼지 상상해 본 적 있는가?

1963년, 전라도 광주 신창동에서 한 향토사학자의 눈에 심상치 않은 토기 하나가 들어왔다. 광주—장성 간 도로를 내기 위해 땅을 헤집어 놓은 곳에 박혀 있는 토기가 얼핏 봐도 무척 오래된 토기였기 때문이다. 그 순간을 놓치지 않았던 덕분에 이후 발굴 조사에서 엄청난 목제 유물들이 출토될 수 있었다. 오래된 마차, 비단, 베틀, 유리구슬, 칠기, 활 등 초기 철기시대 '한국 최초, 최고, 최대'라는 수식어를 붙일 만한 유물들이 쏟아진 이 유적지는 현재 '2천 년 전의 타임캡슐'이라고 불린다. 결국 국도 1호선의 노선이 변경되기에 이르는데, 이는 역사가 현재를 바꾼 사례로 기록되기도 했다. 존재를 드러내기 전까지 목제유물들은 수천 년의 시간을 땅속에 고스란히 묻혀 있었다.

한순간 눈앞이 어두워졌고 아침인지 밤인지 알 수 없는 어둠의 시간이 계속되었다. 얼마만큼의 시간이 흘렀는지조차 분간할 수 없는 나날들을 보내다 수천 년 만에 다시 환한 빛을 마주했을 때 그들은 자신이 보아왔던 빛에 대한 익숙함보다는 낯선 세계에 대한 생경함에 눈을 뜰 수 없었다. 우리가 어둡고 긴 터널을 한참 달리다 나오면 눈을 찡그리는 것처럼.

그러고는 자신의 몸이 달라지는 것을 알아차렸다. 자신이 바짝 말라가는 느낌을. 손과 발이 오그라드는 것 같은 느낌이 들 즈음 누군가가 자신에게 물을 부었다. 숨이 넘어갈 듯한 순간 자신을 구해준 사람은 대체 누구였을까? 이후에도 그는 내가 마르지 않도록 수시로 물을 부어주었다.

예전에 내가 나무였을 때 마셨던 물과 지금 나를 채우고 있는 물은 같지만 다르게 느껴졌다. 나의 구석구석을 지탱하던 물과는 다르게 어느 한 부분은 채워지지 않는 듯했다. 나는 나중에야 내 몸의 일부분이 내 것이 아닌 듯 바짝 말라버렸다는 것을 알게 되었다.

보통 목제유물이 출토되는 곳은 우리가 저습지라고 부르는 곳이다. 목제는 시간이 흐르면 내부에 있는 물이 증발되면서 말라버린다. 하지만 시간이 멈춘 땅인 저습지에서는 물이 지속적으로 공급되기 때문에 나무가 마르지 않고 형태를 유지할 수 있다. 목제가 지닌 특성 때문에 습한 땅에서는 목제유물도 형태를 유지할 수 있지만 안타깝게도 나무를 이루고 있는 주요 성분인 셀룰로오스, 헤미셀룰로오스, 리그닌, 수지, 회분 등은 이미 썩어버린 후다. 그저 나무의 구조를 지탱하고 있는 세포벽만이 남아 있다.

실제 나무의 주요 성분들은 사라진 뒤라 목제라 부르기 어렵지만, 다른 한편으로는 나무가 지닌 세포벽의 구조적 특성 덕분에 형태를 유지하고 있는 것이다. 여담이지만 나무의 성분이 모두 사라졌어도 목제의 형태를 유지하고 있는 그들을 여전히 나무라 부를 수 있을까? 텅 빈 껍데기만 지닌 것을 유물이라 할 수 있을까?

나는 감히 유물이라고 생각한다. 설령 고유한 성분이 모두 썩어 이제는 물질의 성질을 잃어버린 채 껍데기만 남아 있다고 해도 그것이 품고 있는 역사적 가치와 의미는 사라지지 않기 때문이다. 썩기 쉬운 목제라는 특성 때문에 사라질 뻔했지만 아이러니하게도 목제이기 때문에 그들은 운명처럼 다시 우리 곁에 모습을 드러냈다.

수천 년의 시간을 지나 기적적으로 우리 곁에 나타났지만 한순간의 방심으로 말라버릴 수 있기 때문에 목제유물이 출토된 현장에서는 수분이 충분히 공급되도록 신경 써야 한다. 아주 단순한 처방이지만 막 출토된 목제유물을 살리는 매우 중요한 방법이다. 한번은 수침목재의 건조실험을 진행한 적이 있는데 일반 나무를 저습지에서 출토된 유물처럼 수침 상태로 만들고 한 시간 단위로 목재의 건조 상태를 촬영해 보았다. 그냥 눈으로 보았을 때는 느끼지 못했지만 시간이 흐를수록 빠르게 건조가 진행되었고, 나중에는 처음 보았던 그 목재가 맞는지 눈을 의심할 정도로 형태가 달라져 바싹 말라 있었다. 저습지 현장에서 유물에 물을 뿌려주는 응급 보존처리가 얼마나 중요한지 알게 된 순간이었다.

발굴 현장에서는 유물이 발견되는 지층이 나타나는 순간 묘한 기운에 사로잡힌다고 한다. 고고학자들은 트

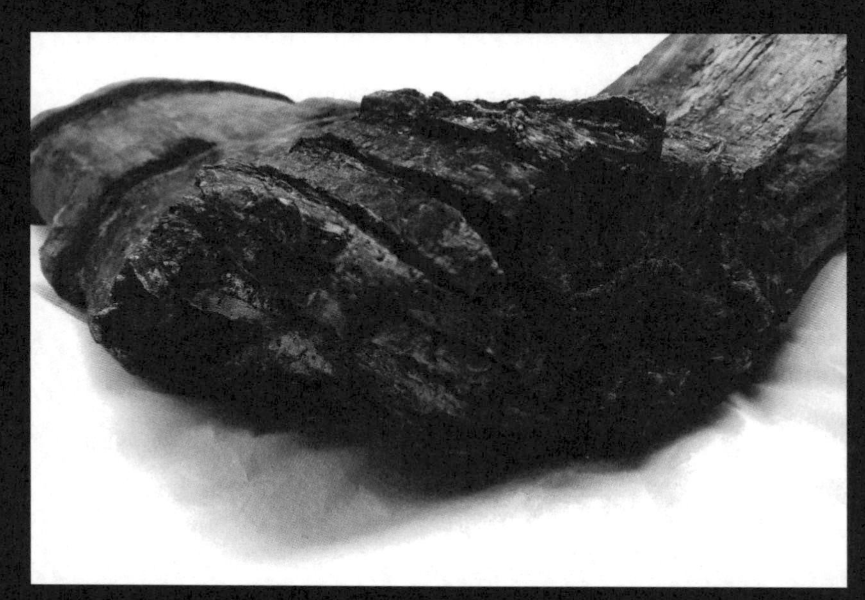

+ 땅속에 묻혀버린 시간의 초침이 다시 흐르는 순간,
  문화유산의 시간도 다시 흐른다.

광주 신창동에서 출토된 바퀴통

라울(고고학자들의 상징이라 불리는 흙을 긁어낼 때 쓰는 꽃삽의 일종) 끝에 탁 하고 뭔가 걸리는 순간, 여기 무언가가 있구나 하는 촉을 느끼고 매우 섬세한 손놀림으로 시간의 무게를 털어내며 역사의 흔적을 찾아낸다.

우리에게 너무도 잘 알려진 〈천마총〉의 〈천마도〉를 발견한 김정기 발굴단장은 후에 〈천마도〉를 두고 "나와서는 안 될 유물이 나왔다."라고 회고했다. 그는 자작나무 껍질에 그려진 〈천마도〉를 보는 순간 유기물로 된 〈천마도〉가 햇빛에 노출되면 형태를 알아볼 수 없이 감쪽같이 사라져 버릴 수도 있다는 공포를 느꼈다고 했다.

생생하게 살아 있는 색상을 확인하고 혹시 모를 상황에 대비하여 모사 작업까지 마친 순간, 가늘었던 균열이 굵어지면서 〈천마도〉가 퇴색하는 현장을 목격했다고 한다. 자신만의 착각이었는지도 모르지만 그림의 색이 공기에 닿으면서 눈에 띄게 퇴색이 진행되는 것처럼 보였다는 것이다. 결국 〈천마도〉는 그 순간에 본래 지닌 색을 잃어버렸고 지금 우리가 보는 〈천마도〉의 색은 원래의 그것과는 다르다고 말한다.

땅속 환경이 유물에 최적은 아니었을지라도 제법 안정적으로 일정하게 유지됐던 환경이 출토 후 급격하게 달라지면 문화유산은 순식간에 변화를 일으킨다. 그러므로 현장에서는 유물을 구성하는 물질의 성질에 영향을 주지 않기 위해 최대한 빠르게 유물을 수습하고, 신속하게 보존과학실로 옮긴다. 경우에 따라 보존처리에 최대한 영향을 미치지 않는 약품과 방법으로 현장에서 응급 보존처리에 들어가기도 한다. 수습 과정에서 유물의 형태가 흐트러질 만큼 상태가 심각할 때는 주변의 흙을 함께 가져오기도 한다. 환경의 영향을 많이 받는 현장에서 시간에 쫓겨 보존처리를 강행하지 않고, 해체 과정이 추가되더라도 유물을 안전하게 옮기는 것에만 초점을 맞춘다.

땅속에 묻혀버린 시계의 초침이 움직이는 순간, 문

화유산의 시간도 다시 재깍재깍 흐른다. 멈춰 있던 그들의 시간도 다시 시작된다. 본래 자신들에게 주어진 시간을 한참 뛰어넘어 와서일까? 그 속도는 눈 깜짝할 순간일 수 있다.

이물질 제거

남겨야 할 것과
버려야 할 것

누구에게나 영원히 간직하고 싶은 순간들이 있고, 반대로 할 수만 있다면 수단과 방법을 가리지 않고 지워버리고 싶은 순간들도 있다. 그런 순간순간들이 모여 결국 나의 삶을 이루는 것처럼 유물에게도 시간이 켜켜이 쌓이는 동안 자신도 모르는 사이에 일부가 되어버린 것들이 있다.

보존처리에서 가장 중요한 점은 유물의 원래 모습을 찾아주고 그 원형이 보존될 수 있도록 만들어주는 것이다. 복원할 때는 누군가가 사용한 흔적까지 지닌 채로 보존처리 하는 것에 주안점을 둔다.

모든 물건은 누군가 애지중지 여겨 사용하다 기능을 다하면 더 이상 사용하지 않고 보관하거나 버려지는 과정을 겪는다. 쓰임을 다한 물건이 겪어야 할 시간의 무게는 무겁다. 물건 위로 겹겹이 쌓이는 시간은 그들이 원래 어떤 모습이었는지 기억나지 않을 정도로 전혀 다른 모습으로 바꾸어버리고 만다. 심지어 내가 아닌 다른 물질, 이물질이 나의 일부를 이루고 있다면 우린 그것을 버려야 할까? 아니면 그조차도 나의 일부라고 여겨야 할까?

자신을 아껴주던 이들이 사라지고 혼자 남게 된 유물은 물, 산소, 염분 등 자신에게 해로운 것들과 만날 수밖에 없다. 홀로 남는다는 것은 그런 것이다. 지켜주던 이들과 떨어져 무섭고 외로운 환경에 놓이는 것. 자신도 모르게 나쁜 환경에 노출되어 자신의 일부가 망가지는 것. 이 과정에서 생성된 이물질이 계속 스스로를 파괴하는데, 보존과학에서는 이것을 녹이라고 부른다. 그런데 이 과정에서 놀라운 현장을 목격하게 된다. 이 중 일부는 녹이지만 오히려 자신을 보호하는 보호막이 되어주는 것이다.

자신을 망가뜨리는 존재라 여겼던 녹이 어느 순간 나를 지켜준다니. 아이러니하게도 이렇게 형성된 녹은 제거하면 새로운 반응을 일으킬 수 있기 때문에 보존처리를 할 때 소위 '안전한 녹'은 제거하지 않고 남겨둔다.

국립경주박물관 야외전시장에는 에밀레종으로 잘 알려진 〈성덕대왕신종〉이 있다. 성덕왕의 명복을 빌기 위해 혜공왕 7년(771년)에 완성한 거대한 동종으로 1200년의 세월을 지나온, 유구한 역사를 간직한 문화유산이다. 2004년 마지막 타종을 하기 전까지 방치되거나 타종이 중단되었던 시간들도 있었지만, 과학적 진단을 한 결과 현재까지 크게 종의 존재를 위협할 만큼 위험한 요소는 발견되지 않았다고 한다.

하지만 타종이 계속될 경우 현재 상태를 유지하지 못할 것을 우려하여 보존의 일환으로 타종을 멈추고 지금은 최첨단 사운드로 녹음된 종소리를 내보내고 있다. 직접 울리는 종소리는 들을 수 없지만 〈성덕대왕신종〉 앞에 서면 먼저 그 규모에 놀라고, 그다음엔 깊고 은은한 종소리의 울림에 뭐라 형언할 수 없는 마음이 들어 왠지 뭉클해진다.

〈성덕대왕신종〉은 어떻게 1200년이 넘는 시간을 변함없는 모습으로 우리 앞에 서 있을 수 있었던 걸까? 그것은 바로 '녹' 때문이다. 앞서 이야기했던 좋은 녹이 종의 표면을 보호하고 있어 외부의 비, 바람 등의 환경적 요인에 직접 노출되는 것을 막아주었기 때문이다.

반대로 생성된 녹이 유물의 일부를 갉아먹고 나아가 존재를 위협하는 경우도 있다. 흔히 청동유물에서 청동병이라고 부르는 것이 그것인데, '병'이라고 부를 만큼 청동에게는 치명적이다. 청동병이 발생하면 표면을 갉아먹으면서 침식해 들어가 가루가 되어버리고 결국에는 구멍이 뻥 뚫리게 된다. 나쁜 녹은 청동유물의 형체를 변형시키기 때문에 병의 징후가 보일 때는 재빠르게 대처해 제거해야 한다. 그래서 아주 작더라도 청동병의 징후가 보인다면 가루화가 진행된 부분을 제거하고 그곳에 산화은과 에틸알코올을 반죽해서 염화은을 만든다. 이 염화은이 산화된 구리와 반응하면서 녹의 진행을 막아준다. 청동병은 한번 발생하면 유물의 형태가 사라져 버릴 수 있다. 병이 진행되면 유물의 일부는 온데간데없고 소복이 쌓인 가루를 마주해야 한다. 녹의 진행을 막기 위해 적절하게 처리해도 이미 사라진 부분은 어찌할 도리가 없다. 보존과학자에게는 가장 마음 아픈 순간이다.

보존처리에서도 녹이라는 존재는 아이러니하다. 녹을 그대로 놔두면 유물에게 치명적인 영향을 끼치지만 그렇다고 제거해 버리면 유물의 외형적 형태가 크게 달라져 고고학적 가치를 상실하는 경우가 있기 때문이다. 이때는 녹의 진행은 최대한 늦추되 유물의 형태는 유지할 수 있는 보존처리 방법을 선택한다.

우리도 살면서 종종 그런 순간을 맞닥뜨린다. 무언가 잘못되었다는 건 알고 있지만 바로잡기에는 너무 늦었거나 어렵다고 생각하는 순간들. 더러는 내 삶을 녹슬게 하는 녹이 생겼다는 사실을 알고 제거하려는 노력을 했지만, 여전히 흔적이 남아 있을 수도 있다. 하지만 아무리 잘못된 것이라도 이를 대하는 나의 태도에 따라 결과는 얼마든지 달라질 수 있다. 녹이지만 이를 거울삼아 같은 실수를 반복하지 않고 나를 보호하는 방패로 삼을지, 나를 갉아먹는지 인식도 하지 못한 채 병들어 갈지, 우리는 선택해야 한다. 무엇을 남기고, 무엇을 버릴지.

+ 시간이 켜켜이 쌓이는 동안
  자신도 모르는 사이
  일부가 되어버린 것들.

〈미륵사지 석탑〉 서탑에서 출토된 〈청동합〉
© 국립익산박물관 e-뮤지엄

탈염 처리

존재를
위협하는
것들

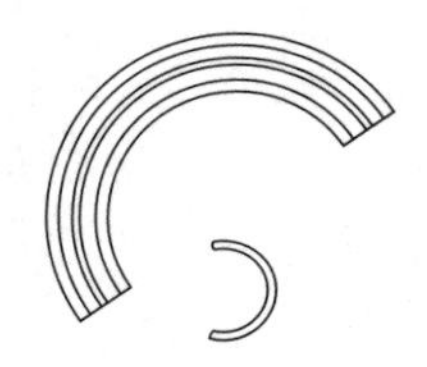

문화유산을 구성하는 재질은 크게 무기질과 유기질로 나뉜다. 개인적으로 이들을 딱 하나로 정의한다면 멈춰 버린 시간 속에 그대로인 것과 다시 살아 숨 쉬는 것 정도로 말할 수도 있겠다. 무기질에 속하는 석재, 토기, 도자기 들은 그들이 만들어졌을 당시 그대로이지만 유기질인 목재나 지류, 직물 등은 현재와 끊임없이 반응하고 변하면서 다시 살아 숨 쉬는 것들에 해당한다. 금속류는 분명 무기질이지만 외부 환경과 반응하면서 변화를 일으키는 유물에 속한다. 그래서 보존처리를 전공하는 비율로 따지면 가장 많은 영역 또한 금속유물 보존처리다. 유물이 출토되는 수량으로 따지면 토기나 도자기가 압도적이지만, 금속유물의 수량 또한 적지 않다. 따라서 보존과학자라면 전공과 상관없이 기본적으로 토기와 도자기의 보존처리를 할 수 있어야 하고, 무기질이지만 까다롭기 그지없는 금속유물의 처리에 대해서도 기본은 갖추고 있어야 한다.

금속유물 중 특히 철제유물을 처리할 때는 탈염이 무척 중요하다. 탈염 처리는 염화이온을 빼는 과정이다. 염화이온은 염소 원자가 전자 한 개를 얻어 생기는 음이온을 일컫는데, 우리가 흔히 먹는 소금은 염소와 나트륨이 6:4의 비율로 구성되어 있다. 즉, 염소는 소금의 주요 성분이다. 철기에 소금이라니 생소할 수 있지만 오랜 시간 땅속에 묻혀 있던 철기와 흙에 존재하는 염화이온이 물에 녹으면 반응하게 된다. 그렇게 만들어진 염화이온은 철기에 치명적인 독으로 작용하므로 최대한 제거해 주어야 한다. 이 과정에서 제대로 제거되지 않거나 탈염을 생략하면 다시 처리를 해야 하는 불상사가 발생할 수 있다.

탈염은 한 번에 끝나는 게 아니라 여러 차례 반복해야 하는데 종료 시점은 염소를 측정하는 기기의 수치를 확인하여 잡는다. 이때 수치에 맞게 처리했어도 유물 내부의 모든 염분을 제거했다고 볼 수는 없다. 상태가 괜찮은 유물은 염화이온을 빠르게 빼내기 위해 온도를 60°C 가량으로 올려주는 가열법을 활용하기도 하는데, 이 방법이 오히려 독이 되어 유물 내부에 또 다른 손상을 가져오기도 한다.

탈염에서 특히 금속유물은 보존과학자에게 상당히 곤란한 손님이다. 경우의 수를 최대한 따지고 철저하게 과학적 수치에 의해 처리 과정을 수행했더라도 전시 환경에 따라 혹은 보관 시 습도가 높을 경우 철기에 노란 물방울이 맺히기 때문이다. 이러한 이유로 장마철이나 습도가 높은 시기에는 반드시 전시실에 가서 유물 상태를 확인해야 한다. 아무리 외부 환경에 영향을 받지 않도록 밀폐하고 적절한 전시 환경을 유지하려고 해도 눈에 보이지 않는 위험 요소는 언제든 도사리고 있다. 그중 어느 것과 만나 반응할지 모를 일이다. 이때 할 수 있는 일은 자주 들여다보고 변화를 초기에 확인해 대처하는 것뿐이다.

탈염은 철제유물을 보존처리 하는 기간 중 가장 많은 부분을 차지한다. 유물의 무게 대비 열 배에 해당하는 물속에 약품을 녹여 담그는데, 이때 사용하는 물은 초순수라 하여 물속 오염물질을 전부 제거한 순수한 물을 말한다. 특정 성분이 있을 경우 유물이 반응할 수 있기 때문에 극도로 정제하여 사용하는 것이다. 그렇다면 순수한 물이니 사람이 마셔도 괜찮을까? 그렇지 않다. 우리가 흔히 마시는 물에는 미네랄이나 나트륨 등의 성분이 포함되어 있는데 이를 모두 제거한 물을 마시면 배탈이 난다고 한다.

탈염은 세월이 흘러 자연스럽게 부식된 유물을 인위

적으로 원형에 가깝게 되돌려 놓으려는 행위이니 자연의 이치를 역행하는 일이다. 그러니 모든 성분을 걸러낸 인위적인 '초순수'가 배탈을 일으키는 건 자연스러운 일인지도 모른다. 어쩌면 영구히 존재할 수 없는 것을 영구히 보존하려는 마음, 자연과 그 미묘한 힘의 줄다리기를 하는 자들이 바로 보존과학자 아닐까.

유물을 위험하게 하는 것들은 많지만 단지 한 가지 원인이 문제를 일으키지는 않는다. 2~3가지의 요인들이 합쳐질 때 문제가 발생한다. 철제유물에 존재하는 염화이온 하나가 큰 문제를 일으키는 것이 아니라, 그것이 물과 만나는 순간, 유물의 존재를 위협한다.

유물은 재질에 따라 위험한 물질과 환경이 다르다. 누군가에게는 생명수이지만 누군가에게는 독이 되는 것들이 있다. 벌은 물을 마시고 꿀을 만들지만 뱀은 독을 만든다. 목재는 물에 계속 닿아 있으면 썩지만 물에 완전히 담겨 산소가 차단된 환경에 놓이면 물이 오히려 목재가 썩는 것을 막아준다. 지류는 습도가 너무 높은 환경에서는 곰팡이가 생기지만 수분이 부족한 건조한 환경에서는 모양이 틀어지거나 말리는 현상이 발생한다.

철제 역시 수분으로 인해 녹이 생기지만 물속의 불순물을 제거한 초순수한 물속에 약품을 넣어 담그면 오히려 철제를 위험하게 만드는 성분을 제거할 수 있다. 아이러니하게도 똑같은 '물'이지만 그 물의 성질을 어떻게 이용하느냐에 따라서 결과는 너무도 다르다.

유물과 물의 관계는 사람과 사람의 관계와도 무척 닮아 있다. 우리는 관계를 맺으며 살아간다. 혼자가 아닌 공동체의 삶을 배우고 그 과정에서 성장한다. 하지만 모든 인연이 마냥 좋기만 한 것은 아니다. 관계는 혼자라면 누리지 못했을 즐거움을 주지만 때로는 괴로움도 준다. 어제는 동지였던 누군가가 오늘은 한순간에 적으로 돌아서기도 한다. 상대방이 나의 어떤 부분과 조화를 이루면 상생의 관계가 되지만 그렇지 않으면 서로를 파괴

하는 악연이 될 수도 있다.

서로 한 걸음 물러서서 나를 지키고 상대를 존중하며 유지하는 관계가 가장 이상적이고 건강한 것처럼 유물에게는 '물'이 바로 그런 존재다.

전조 처리

유물도
다이어트가
필요해!

유물도 다이어트가 필요한 순간이 있다. 그 순간에는 최대한 자신이 갖고 있는 수분을 내보내야 한다. 결혼을 앞둔 여자들이 결혼식 당일 어여쁘고 날씬한 신부가 되기 위해 다이어트 선언을 하는 것처럼. 그러나 유물에게 다이어트는 선택 사항이 아니라 절체절명의 일이다. 반드시 해내야만 하는.

탈염 처리는 초순수한 물과 사용하는 약품의 특성을 이용해서 철제유물이 화학 반응을 일으키지 않도록 진행하는 게 중요하다. 하지만 처리가 끝난 뒤 유물 내부에 남아 있는 수분은 결국 유물을 위험하게 만드는 원인이 될 수 있다. 그러므로 탈염 처리 이후에는 건조 처리로 내부의 물기를 모두 제거해야 한다.

다이어트도 너무 단기간에 효과를 보려고 하면 요요 현상이 생기듯 높은 온도에서 짧은 기간 건조 과정을 거치면 유물에 2차적인 손상을 줄 수 있다. 그러니 건조 처리 또한 천천히, 정확하게, 마지막에 가서는 오롯이 유물이 지닌 무게만이 남을 수 있도록 해야 한다.

처음에는 바람을 이용해 서서히 건조시키는 열풍 건조로 가볍게 시작한다. 열풍 건조가 마무리되면 진공 상태에서 내부의 수분을 모조리 말려버리는 진공 건조가 이어진다. 탈염 못지않게 건조 과정 역시 충분한 시간을 들여 천천히 이루어져야 탈이 나지 않는다.

오롯이, 가볍게. 유물이 본래 무게만을 지니게 된다는 것은 내부에 남아 있는 위협 요소를 제거함으로써 스스로 편안한 상태에 이르게 된다는 것을 의미한다. 저녁에 과식한 다음 날보다 영양가 있는 간단한 저녁식사를 하고 난 다음 날 아침이 더 편하고 가벼운 것과 같은 이치랄까?

건조가 완료되었다는 사실은 어떻게 알 수 있을까? 우리가 체중계를 이용해 몸무게를 재는 것처럼 유물 역시 출토되면 보존처리 전 조사에서 무게를 측정한다. 이물질을 제거하거나 건조한 이후에도 무게를 틈틈이 재어 상황을 체크하는데, 매우 간단해 보이는 이 과정이 유물의 무게 변화를 살펴볼 수 있는 중요한 지표가 된다. 처음에 이물질 제거를 하기 전의 무게와 이후의 무게, 탈염 이후의 무게 변화를 보면서 물리적, 화학적으로 이물질이 제거되는 양상을 확인할 수 있기 때문이다. 우리가 매일 체중계에 올라가서 다이어트의 승패를 확인하는 것처럼 말이다.

금속유물뿐만 아니라 목제유물에서도 내부의 수분량을 측정하는 함수율이 중요하다. 함수율은 목재 내에 함유하고 있는 수분을 백분율로 나타낸 것으로 목재가 수축하거나 팽윤하는 것을 확인할 수 있다. 이러한 성질을 이용해 목재를 건조하거나 가공한다. 물론 건조가 끝난 목재도 주위의 습도에 따라 다시 변화를 일으킨다.

자연 상태의 나무를 베었을 때 목재는 다량의 수분을 지니고 있다. 이러한 상태를 생재(生林)라고 하는데 나무를 가공하기 위해서는 건조 과정을 꼭 거쳐야 한다. 보통 문화재 수리에 사용되는 목재의 함수율은 24% 이하로 잡고 있는데 너무 건조시키면 조직이 파괴되는 할렬이 발생한다. 할렬은 높은 온도에서 장기간 건조할 때 발생하므로 목재 내부의 수분이 모두 증발할 정도로 건조하지 않아야 한다. 금속유물은 내부의 수분을 모두 제거해야 하지만 목재는 적당한 수준의 수분이 남아 있어야 추가 피해를 막을 수 있다.

국립해양유물전시관에 가면 우리나라 최대 수중 발굴의 시발점과도 같은 〈신안해저선〉이 전시되어 있다. 신안 앞바다에서 발견되어서 〈신안해저선〉이라고 부르지만 사실은 우리나라 배가 아니다. 일본과 중국 원나라 사이를 오가던 배였는데 어떤 이유에서인지 난파되어 우리나라 해역인 신안 바다 깊숙이에서 잠자게 되었고, 1975년 고기잡이 어부의 그물에 도자기 6점이 걸려 발견되면서 세상에 알려졌다.

도자기, 금속, 향나무, 동전 등 총 2만 점이 넘는 유물이 출토된 〈신안해저선〉의 발굴은 우리나라 수중고고학의 시작과 발전을 만들었다고 해도 과언이 아니다. 선박이었던 〈신안해저선〉이 남아 있을 수 있었던 것은 공기가 차단된 개펄 바닥에 묻혀 있었기 때문이다.

발견된 30미터에 가까운 대형 목재는 인양부터 큰 어려움이 있었다. 원형 그대로 선체를 들어 올려야 하는데 당시 기술력으로는 힘들었기 때문이다. 결국 톱으로 해체하여 인양할 수밖에 없었다. 밖으로 꺼내는 시간만 8년이 걸렸다.

인양된 선박은 무엇보다 앞서 이야기한 건조 과정이

+ 유물이 오롯이, 내 모습 그대로,
  가볍게 서기 위해 필요한 다이어트.

〈신안해저선〉
©국립해양문화재연구소

중요했다. 목재는 한번 뒤틀리면 모양 자체가 변형되므로 목재 내부의 수분을 서서히 조절해야 했다. 결국 〈신안해저선〉은 보존처리 기간만 20년이 걸렸다. 배의 크기가 워낙 커서 약품을 이용한 보존처리 자체도 오래 걸렸지만, 무엇보다 건조 기간에만 몇 년이 소요됐다.

크기가 작은 목재는 진공동결건조기라 불리는, 라면 수프를 만드는 원리가 적용된 기기를 이용하지만 대형 목재를 수용할 수 있는 기기는 없었다. 하여 〈신안해저선〉은 내부의 수분을 서서히 제거하는 '조절 건조'를 적용했는데 이를 위해 배를 건조하기 위한 방을 따로 두었다. 즉 방 전체를 건조기로 삼은 것인데, 선체를 조립하여 맞춘 상태에서 부재들이 함께 건조되어야 자연스럽게 건조될 수 있기 때문이기도 했다.

유물이 오롯이, 내 모습 그대로, 가볍게 서기 위해서는 자신이 지니고 있어야 하는 것은 남겨두되 불필요한 것들은 제거해야 살아남을 수 있다. 한때는 나를 보호해

주던 물이었지만 지금은 제거해야만 본래의 나로 존재할 수 있다. 우리 모두에게도 앞으로 나아가기 위해, 혹은 온전히 나답게 살기 위해 꼭 이별해야 하는 것들이 있듯이.

강화 처리

지금 더
단단해져야 하는
이유

약해지고 약해져 바스러질 것 같은 인생의 혹한기가 누구에게나 있다. 누군가에게는 사회초년생이었을 때가, 누군가에게는 모든 것을 다 이루었다고 생각했을 은퇴 이후가 그러할 것이다. 시기는 달라도 자신이 송두리째 흔들리는 힘든 시기는 누구에게나 온다.

유물에게도 그런 순간이 있다. 오롯이, 다시 내 모습대로 가볍게 서 있게 되었지만 그대로는 세상에서 살아남기 힘든, 그래서 어떻게든 더 강해져야만 하는 순간. 이때 충분히 단단해져야 눈이 와도 비가 내려도 바람이 불어도 흔들리지 않는다.

길게는 몇 천 년 짧게는 몇 백 년의 시간을 건너온 유물들은 본래 자신이 지닌 재료적 특성의 일부를 제외하고는 제작되었을 때 지녔던 성질을 잃어버린 경우가 많다. 부식되었기 때문이다. 형태는 유지하고 있지만 실제 만들어졌을 때의 용도 그대로 사용하기는 어렵다. 하지만 유물에게 기존의 용도는 더 이상 중요하지 않다. 한 시대를 대표하는 역사성을 품은 문화유산으로 다시 태어났으니 이제부터는 기존의 역할이 아닌 새로운 의미를 담아 존재해야 한다. 그리고 새로운 역할을 수행하기 위해서는 우선 강해져야 한다. 새로운 물질로.

보통 금속유물은 부식으로 인해 새로운 생성물이 생긴다. 우리가 흔히 알고 있는 철을 생각해 보자. 철의 종류를 알고 있는가? 일상생활에서 흔히 쓰는 철은 보통 스테인리스(stainless)강으로 스테인리스 또는 스텐이라고 부른다. 강철에 크롬을 첨가한 것이다. 철은 산소와 만나면 계속 부식이 일어나기 때문에 광산에서 채굴된 상태인 철광석 그대로 사용할 수 없다. 그래서 탄소를 이용해서 성질을 개선한다. 이 함량에 따라 순철, 주철, 강철 등으로 나누는데 선조들은 사용하고자 하는 용도에 따라 철의 성질을 변화시켰다. 철은 단단하고 원하는 대로 모양을 만들 수 있다는 특성이 있지만 치명적인 단점도 있다. 앞에서 말했듯 산소와 반응하여 부식한다는 점이다. 사람들은 '부식되지 않는 철'을 만들기 위해 고민했고 1912년, 대기 중에 산화되지 않고 온도 변화에 강한 크롬의 성질을 이용하여 지금 우리가 쓰는 스테인리스강을 만들어냈다.

사람들은 깨지지 않는 것, 변하지 않는 것 그리하여 강한 것을 만들려고 노력했다. 지구가 탄생하면서 생겨난 것들 가운데 그런 성질을 지닌 것은 많지 않았다. 우리가 금을 경제적인 기준으로 삼는 것은 변하지 않기 때문이다. 하지만 "변한다는 사실 외에는 모든 것이 변한다." 라는 말이 있듯이 대부분은 시간 혹은 환경 앞에 변하게 된다. 변하지 않기 위해서는 외부의 요인을 이겨낼 또 다른 보호막이 필요하다.

우리가 아는 유명한 과학자인 토머스 에디슨은 “필요는 발명의 어머니”라고 말했다. 새로운 기술은 수천 번의 우연이 겹쳐 발견될 수도 있고 누군가의 피나는 노력으로 시작될 수도 있다. 발전은 원하는 게 충족되지 않아 지속적으로 필요를 느낄 때 싹트고 이것은 시대의 변화를 이끌어낸다. 철이 처음에 등장했을 때는 재료가 지닌 성질을 이해하고 파악하여 이용하는 수준이었다. 이후 철은 다른 것과의 융합을 통해 고유의 것을 넘어 개선된 것들을 만들어냄으로써 무궁무진하게 변화했다.

스테인리스304라는 용어를 들어보았는가? 텀블러나 주방용품을 구입할 때 자주 등장하는 용어로 철에 크롬 18%, 니켈 10%를 첨가하여 산화나 부식에 강한 스테인리스를 가리킨다. 또한 안정적인 구조를 갖고 있어 오래도록 사용이 가능하다. 최근에는 가스레인지 말고 인덕션을 쓰는 가구가 많아졌는데 인덕션에 기존에 사용하던 냄비를 사용할 수 없는 경우가 있다. 인덕션을 쓸 때는 외부 재질이 스테인리스430으로 만들어진 냄비를 사용해야 하는데 이는 자성〔자기(磁氣)를 띤 물체가 나타내는 여러 가지 성질〕을 띠어야 하기 때문이다. 하지만 스테인리스430은 크롬 함량이 높지 않아 부식에는 약하다. 인덕션에는 크롬의 비율을 높이고 티타늄을 섞은 스테인리스439를 사용하는 게 더 적합하다.

이렇듯 우리가 자주 사용하는 스테인리스도 필요에 의해 계속 발전하고 있다. 아마도 미래에는 우리가 상상하지 못한, 지금은 존재하지 않는 물질들이 더 발명될 것이다. 물론 그렇게 발명된 물질들 또한 완벽하지는 않다. 철을 기본으로 만들어진 물건에게 부식은 숙명이기 때문이다. 하지만 새로운 물질들을 결합해 철이 지닌 한계를 뛰어넘는 노력은 계속될 것이다.

살아남기 위해서는 자신을 보호하고 지켜낼 힘이 필요하다. 간신히 버틸 뿐인 유물에게는 새로운 세계에 적응할 힘이 없다. 삼국시대 치열한 전장을 누비던 〈환두대도〉는 무수한 적군의 생명을 빼앗을 만큼 강력한 무기였으나 우리 앞에 놓인 지금은 무딘 칼날에 철녹이 덕지덕지 붙어 있는 기다란 철막대기처럼 보일 뿐이다. 과거의 찬란한 날카로움은 사라지고 손대면 툭하고 떨어져 나갈 것 같은 약한 존재가 되어버렸다.

그러니 새로운 세상에서도 버텨내려면 새로운 물질로 무장을 시켜줘야 한다. 이를 보존과학실에서는 강화처리라고 부른다. 쉽게 생각하면 코팅을 해주는 것이다. 겉만 코팅을 하면 아무 소용 없다. 진공 상태에서 유물 내부까지 깊숙이 침투할 수 있도록 약품에 담가 여러 번 처리해 줘야 한다. 그래야 유물의 빈 공간에도 약제가 채워진다. 강화 처리 후 건조를 시켜주면 단단한 보호막이 형성된다.

문화유산도 우리처럼 세상에서 살아남기 위해서는 언제 닥쳐올지 모르는 위험에 대비하고 회복 불가능한 상처를 입지 않도록 나를 지켜낼 보호막이 필요하다. 우리에게 보호막은 내면의 강인함일 수도 있고 가족이나 친구처럼 나를 둘러싼 단단한 관계일 수도 있다. 또는 경제력일 수도 있다. 보호막은 어느 순간 이전과는 너무도 달라진 자신을 발견하더라도, 그 모습 또한 받아들이고 거듭날 수 있도록 돕는다. 유물 역시 새로운 물질이 자신의 일부가 되는 과정을 통해 다시 태어난 세상에서 살아남을 수 있는 강인함을 갖게 된다.

접합

파편들의 제자리 찾기

땅속에서 오랜 시간을 보낸 토기가 세상에 모습을 드러낼 때는 어떤 모습일까? 처음 만들어진 그대로면 좋겠지만 토기가 견뎌낸 시간과 자연의 무게는 그리 가볍지 않다. 대부분의 토기는 깨져 분리된 상태로 발견된다. 고고학자들이 발굴할 때 최대한 그 모습 그대로 수습하려고 애쓰지만 결국은 조각조각 난 채로 유물 지퍼백에 담긴다. 이때 다른 유물과 섞이지 않게 잘 분류해서 옮겨야하므로 출토 위치, 출토 일자, 특징 등을 꼼꼼하게 기록해 두어야 한다.

앞에서 소개했듯 물질은 크게 유기물과 무기물로 분

류된다. 탄소와 수소를 포함한 목재, 지류, 직물은 유기물이고 탄소를 포함하는 경우가 아주 적은 유물인 토기나 도자기, 금속, 석재는 무기물이다. 탄소가 중심인 유기물은 자연환경과 끊임없이 상호작용을 하며 변하지만 무기물인 토기나 도자기는 그렇지 않다. 오히려 물리적인 파손을 가장 큰 위험으로 여긴다. 따라서 발굴된 토기의 상태가 양호한 경우 세척—건조 과정 이외 다른 처리는 필요하지 않을 때가 많다. 다만 파손되어 원래의 형태를 알아보기 힘든 상태로 출토되는 토기가 많은데, 이럴 때 가장 중요한 보존처리는 바로 접합이다.

접합은 쉽게 생각하면 퍼즐 맞추기와 비슷하다. 하지만 전체 그림을 알지 못한 채 조각조각의 편을 찾아 맞춰야 하니 원래 모습을 찾아주지 못하는 일도 있다. 연구자들이 수많은 유물의 형태를 분류하고 시기를 알아내고 지역적인 특징을 찾아내려고 노력하는 것은 이를 알아야만 유물의 진짜 모습도 찾을 수 있기 때문이다.

보통 토기는 굽는 온도에 따라 연질 토기와 경질 토기로 나눈다. 점토는 많은 성분을 포함하고 있는데 이들은 온도에 따라 녹는점이 다르다. 불을 이용하여 높은 온도를 올릴 수 있는 기술이 발달하면서 우리가 흔히 아는 신석기시대의 빗살무늬토기에서 고려시대의 청자, 조선시대의 백자로 토기와 도자기의 역사가 이어졌다.

연질 토기로 대표되는 빗살무늬토기는 적갈색을 띤다. 이는 내부의 광물들이 제대로 녹지 못하고 산소가 계속 유입되는 환경에서 구워졌기 때문이다. 그래서 경질 토기에 비해 쉽게 깨지거나 부스러진다. 이러한 특성 때문에 조각을 맞추다 편의 일부가 떨어져 나가기도 하고, 단면이 잘 맞지 않는 등 접합이 까다롭다.

편을 일일이 붙여주는 접합은 생각보다 길고 지루한 작업이다. 그렇다고 생각 없이 진행하다 보면 완전 새로운(?) 유물이 탄생할 수 있기 때문에 긴장을 놓을 수 없다. 1~2mm의 작은 편까지 투박한 사람의 손으로 정교하게 붙여야 하다 보니 이 지난한 시간이 길어지면 별수 없이 날카롭고 예민해진다. 너무 작은 편들을 갖고 홀로 분투하다 보면 절로 어깨가 굽어지고 거북목이 되어간다. 육안으로 잘 분간이 되지 않는 작은 편은 현미경의 도움을 받아 정확한 위치를 찾아야 하는데, 고도의 집중을 요하는 작업이라 목과 허리에 쥐가 나는 일도 허다하다.

길고 긴 인내의 시간을 지나 원래의 자리를 찾은 편을 바라볼 때는 그간의 고통을 까맣게 잊을 만큼 뿌듯하다. 작은 편 하나하나가 자신이 있어야 할 자리에 있는 모습을 보고 있노라면 뭔가 대단한 일을 해낸 기분이 든다. 산산이 부서져 존재해야 할 가치를 잃어버렸던 유물에게 생을 다시 이어주는 마법을 부린 느낌이랄까.

그리고 마법 같은 일은 실제 곳곳에서 일어난다.

국립경주박물관에 가면 눈을 사로잡는 유물이 있다. 〈황남대총〉에서 출토된 〈봉수형 유리병〉이 그 주인공이다. 이색적인 색과 모양이 매력적인 이 유물은 성분 분석을 한 결과 5세기 전반 초원길을 통해 경주로 들어온 사산조페르시아 계통의 유리로 만들어진 것이 밝혀졌다. 180개의 조각으로 출토되어 1984년에 첫 보존처리를 진행했는데 당시 최대한 편을 맞추었지만 완벽하게 복원하지 못했고 결국 없는 부분은 에폭시수지로 복원했다고 한다. 2015년에 접착제 성능이 떨어져 새롭게 보존처리를 해야 하는 상황이 되었다. 당시 보존처리 담당자는 국립경주박물관에서 근무한 기간에 눈여겨봤던〈황남 3326 유리편〉이 기억났다. 색이 너무 비슷해 혹시나 하는 마음에 접합을 했는데 딱 들어맞았다. 1600년 만에 헤어져 있던 38개의 편들이 비로소 제자리를 찾은 것이다.

만약 발굴 당시 너무 작은 조각의 편이라 수습하지 않고 내버려 두었다면, 재처리를 할 때 담당자의 혹시나 하는 마음이 없었더라면 〈봉수형 유리병〉은 제 모습을 찾지 못했을 것이다.

일을 하다 보면 저건 이제 좀 버려야 하지 않나 싶은

+ 비로소 제자리를 찾은
먼 이국땅에서 건너온
유리병이 말해주는 것.

〈봉수형 유리병〉
©국립경주박물관 e-뮤지엄

물건들이 있다. 발굴 현장에서 크리스마스 선물처럼 보내와 한편에 고이 모셔둔 흙이 담긴 자루가 대표적이다. 유물이 발견된 주변의 흙을 그대로 두지 않고 챙겨서 연구실로 같이 보내온 것이다. 현장은 외부에 노출된 상태로 일을 진행하다 보니 아무리 신경 써도 놓치는 부분이 생길 수 있다. 필요한 경우 유물이 발견된 주변의 흙을 쓸어 자루에 담아 보내오는데 정리하는 과정에서 구슬의 일부나 파편 조각들이 확인되기도 한다. 그렇게 보관해 온 흙자루들을 조사가 끝난 이후에도 혹시나 하는 마음에 버리지 못하는 것이다.

누군가는 '왜 저런 것들을 버리지 못하지?'라고 생각할지 모르지만 박물관에서 근무하는 대부분의 사람들은 저장강박증이 있다고 해도 과언이 아니다. 그래서 좀 답답해 보일지 모르지만 그 버리지 못하는 마음이 잃어버린, 혹은 우리가 알아차리지 못한 역사를 찾는 힘이 될 수도 있다. 〈봉수형 유리병〉처럼.

어떤 이에게는 아무런 가치가 없어 당장 버리거나 치

워야 할 것들이 그 가치를 아는 이에게는 미래를 위해 잘 보관하고 기록해 두어야 할 일이 된다. 과학기술이 발전하고 있지만 현재 단계에서는 한계에 부딪히는 지점들이 있다. 지금의 기술력으로 처리할 수 없다면, 보존과학자는 그 숙제를 미래에 부탁한다. 미완의 기술로 어설프게 처리하기보다는 더 이상 상태가 나빠지지 않도록 최소한의 관리를 유지한 채 '보관자'로서의 역할만 수행하는 것이다.

그런 점에서 보존과학은 최신의 과학적 성과를 적용하는 현재의 학문이자 미래에 의해 결과가 달라질 수도 있는 미래의 학문이다. 지금은 상상하지 못할 일들을 해낼 미래의 과학과 기술로 지금은 밝히지 못한 여러 역사적 의미와 가치를 발견해 낼 테니.

보관자, 관리자로서의 역할은 뭔가 그럴듯한 성과를 내기 위해 욕심을 부리는 것이 아니다. 버리지 못하는 마음을 간직하여 흩어졌던 퍼즐 조각들이 나중에라도 맞춰질 수 있도록 껴안고 있는 것이다. 지금은 비록 흙자루일지라도 언젠가 근사한 크리스마스 선물이 될 날을 기대하며. 잘 보관하고 기록하는 사람들이 있기에 역사가 사라지지 않고 이어지는 게 아닐까.

복원

역사의
조각을
맞추는 일

보존과학은 과거의 시간을 복원하는 일이지만, 목표는 과거를 복원해 먼 미래까지 대대로 전하는 데 있다. 과거를 돌아보며 미래를 지향하는 것, 어쩌면 그것이 문화재 보존과학자가 가져야 할 마음 아닐까. 또 우리 모두의 마음일지도 모른다. 사람들은 마치 본능인 양, 아무리 먹고살기 바쁘고 현실이 팍팍해도 미래를 그리기 마련이니까. 더 나은 삶을 꿈꾸니까. 그렇다면 미래를 내다보는 눈은 어디에서 오는 것일까? 바로 과거에서 찾을 수 있다. 미래를 과거에서 찾는다고? 언뜻 이해가 되지 않는 말인가?

예를 들어보자. 현대인의 필수용품이 된 휴대폰의 시작은 언제일까? 그 기원은 1940년대로 거슬러 올라간다. 바로 세계 최초로 전화기 특허권을 받은 알렉산더 그레이엄 벨이 설립한 회사 벨전화연구소(Bell Laps)의 무선통신에 대한 상상에서 시작됐다. 이후 1980년대에 소위 '벽돌폰'이라는 최초의 상업용 휴대폰이 등장했는데, 당시에는 아날로그 신호를 기반으로 했기 때문에 사용 가능한 범위가 좁고 배터리의 성능 또한 좋지 않았다. 2G 시대가 열리면서 디지털 신호의 시대가 시작됐고, 이 기술을 바탕으로 3G, 4G, 5G 시대가 열렸다. 이는 단순히 기술적 발전만 두고 이야기한 것이다. 만약 소통 수단의 관점에서 바라보면 어떨까?

스페인 북부 산티야나 델 마르에 위치한 〈알타미라 동굴벽화〉는 누구나 한번쯤 들어보았을 것이다. 1968년 처음 발견된 〈알타미라 동굴벽화〉에는 들소나 사슴, 말, 멧돼지 등의 야생동물이 그려져 있다. 이 그림은 구석기시대에 황토, 산화철, 숯 등을 이용하여 그려진 그림인데, 그 모습이 마치 살아 움직이는 듯 너무도 생생하다고 한다. 이 그림을 그린 사람은 어떤 이들이었을까? 왜 그들은 어두컴컴한 동굴에 이러한 그림을 그렸을까? 학자들은 당시 사람들이 원하는 대상을 돌에 새기고 이들에게 제사를 지내며 신앙으로 삼았다고 본다. 문자가 생기기 이전의 선사시대부터 사람들은 자신의 감정이나 생각을 넓고 평평한 돌에 새겨 남겼던 것이다.

시간이 흘러 소통의 도구로 '문자'가 등장한 이후 인간의 삶은 크게 변화했다. 문자로 삶의 많은 부분이 기록되었고 기록이 쌓이면서 정보와 지식이 전해져 기술이 발전했다. 또 이를 토대로 새로운 것들을 만들어내기에 이르렀다. 게다가 문자는 전화가 발명되기 전까지 매우 주요한 연락 수단으로서의 역할을 톡톡히 해냈다.

'마패'는 조선시대에 왕의 명령을 전하기 위해 관원이 지방을 가야 할 때 말을 이용할 수 있도록 만든 증표였다.

만약 전쟁 등의 긴박한 일이 발생했을 때는 어떻게 알렸을까? 물리적인 거리의 한계를 극복하고 신속하게 소식을 전하기 위해 불을 이용한 봉수 제도가 있었다. 학자들은 봉수 제도를 가장 오래된 형태의 통신 수단으로 보기도 한다.

봉수는 고려시대에 처음 실시한 것으로 본다. 1149년 변방의 군사지역에서 낮에는 연기로 밤에는 불빛으로 상황을 알리는 수단으로 사용되었다. 조선시대 세종 때 정식으로 봉수 제도가 마련되어 적이 나타나면 2개, 적이 국경에 접근하면 3개, 국경을 넘어오면 4개, 적과의 전투가 시작되면 5개를 올렸다고 한다. 이처럼 사람들은 상대와 소통하기 위한 연락 수단을 끊임없이 만들어 왔다.

1867년, 그레이엄 벨이 전화기 특허를 내면서 전류를 통해 소리가 전달되었다. 처음에는 선과 선이 이어져야 통신이 가능했지만 곧 선이 필요 없는 무선의 시대가 열렸다. 기술의 발전이 새로운 기술을 낳고 이로 인해 우리

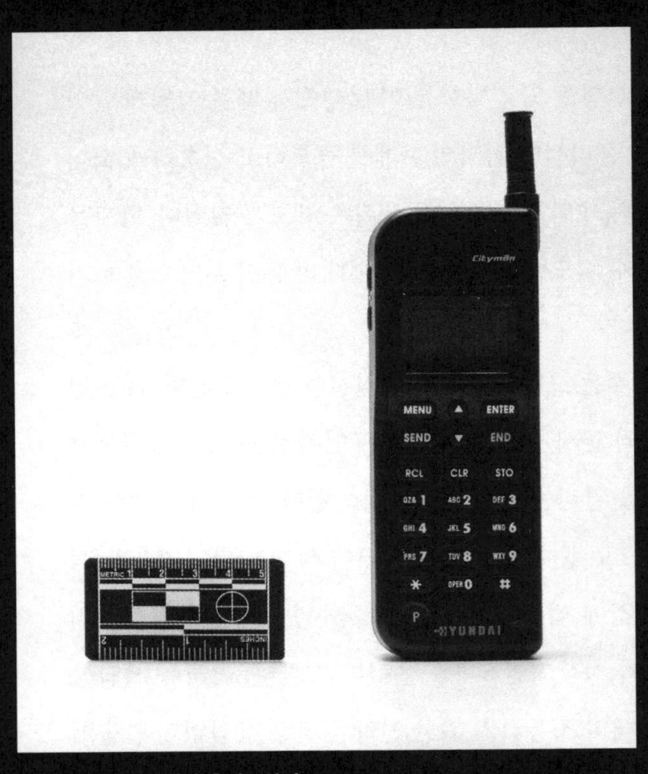

+ 동굴 속 암각화에서 휴대폰까지,
사람들의 욕망을 들여다보게 하는 문화유산.

현대 시티맨 HHP-9300 휴대전화기
©국립중앙과학관

의 상상이 현실이 되는 일이 반복된다.

변화는 하루아침에 만들어지지 않는다. 소통 수단의 관점에서 보자면, 동굴 벽면에 암각화를 그린 사람의 생각과 의지가 무선통신의 시작이었을지도 모른다. 그렇기에 그저 학창 시절 시험 문제에 나올 법한 역사적 이정표 정도로 한두 차례 기억하고 넘어가기엔 인류의 과거는 그 이상으로 중요하고, 역사의 힘은 매우 강하다.

나는 미래를 보는 눈을 과거에서 찾아야 한다고 생각한다. 미래에 새로운 것을 만들고 싶다면 옛사람들의 욕망을 들여다보고 그 욕망을 어떻게 현실로 만들었는지 살펴봐야 한다. 안타깝게도 역사는 시간 앞에 유약하다. 사람들의 기억은 시간이 흐를수록 흩어지고 기록은 주관적이다. 진정함을 알아차리기엔 역부족일 때가 있다. 그럴 때 문화유산이 방향을 잡아주는 지표가 된다. 문화유산을 들여다보면 당시의 기술과 문화가 보이고 그들을 탄생시킨 사람들의 욕망 또한 가늠해 볼 수 있다.

신석기시대를 흔히 혁명이라고 부르는 까닭은 정처 없이 떠돌아다니던 사람들이 좋은 자연환경을 찾아 정착하게 되었고, 농사를 시작하게 되었고, 수확한 곡식을 담을 그릇이 필요해졌고, 그렇게 만들어진 토기가 지금의 도자기를 만드는 기술까지 이어졌기 때문이다. 처음에는 단지 무언가를 담을 그릇이 필요했지만, 나중엔 물을 담아도 새지 않았으면 하는 바람이 생겼고, 이후엔 이왕 만들 거면 더 예쁜 빛깔과 모양의 그릇으로 만들고 싶어졌다. 다른 사람들은 쉽게 갖지 못하는 독특한 모양을 원하는 이들까지 생겨났다. 이처럼 그들이 남긴 문화유산을 통해 우리는 한 시대를 살았던 사람들의 필요와 욕망, 그에 따라 발전한 기술을 한꺼번에 엿볼 수 있다. 그리고 앞으로 펼쳐질 미래를 상상해 볼 수 있다.

연구실 한편에서 작은 토기의 조각을 맞추고, 유물의 녹을 제거하며 원형을 복원하는 일은 일부가 지워지거나 조각을 잃어버려 보이지 않았던 큰 그림을 보려는 노력과도 같다. 조각일 때는 아무 의미가 없어 보이지만, 이들이 모여 하나의 역사가 된다고 생각하면 아주 작은 편이라도 외면할 수 없다. 혹시 모를 일 아닌가. 내가 맞추는 이 역사의 조각이 훗날 '어떤 획기적인 발명품'의 기원으로 남게 될지도.

가역성

잘못된 것을 되돌릴 수 있습니까?

'~했더라면'이라는 말을 할 때가 있다. 그때 그랬더라면 결과가 달라지지 않았을까, 하는 생각은 대체로 후회와 함께 밀려든다. 후회 없는 삶이 목표지만 이제는 안다. 그런 삶은 없다는 걸. 우리는 늘 후회하고 그 과정에서 많은 것들을 배운다. 결국 삶은 시행착오의 연속 아니던가. 잘못된 일을 바로잡고 가고자 하는 길로 가려면 되돌릴 수 있는 용기와 방법이 필요하다. 유물의 보존처리에도 '후회'라는 단어를 떠올리는 순간들이 있을까?

보존처리 현장에서는 기본적으로 실수가 생기면 안

되는 것을 원칙으로 한다. 유물의 크고 작음이나 역사적 가치에 대한 판단을 떠나 모든 유물은 그 자체로 유일무이하고 고유한 존재이기 때문이다. 그래서 처리 전에 수많은 방법을 생각하고, 적용하기 전에는 사전 실험 등을 거쳐 정말 유물에 아무 피해를 주지 않는 복원 방법인지 끊임없이 고민한다. 생각에 그치지 않고 과학적이고 체계적으로 접근해야 한다. 여기에서 또 중요한 원칙이 등장하는데 '되돌릴 수 있는 방법'으로 처리해야 한다는 것이다.

보존처리에 쓰이는 약품이나 기자재는 다른 분야에서 사용하는 것을 가져온 경우가 많다. 이들 가운데 안정성과 효과가 입증된 것들을 찾아내고 문화유산에 적용하기 위해 수많은 테스트를 거친 다음에야 적용한다. 이렇듯 신중을 기해도 맞지 않는 방법임을 알게 되면 되돌릴 수 있어야 한다. 이 때문에 다른 분야에서 아무리 안정성이 입증되었더라도 보존과학 현장에서는 함부로 새로운 재료를 사용하지 않는다.

되돌릴 수 있는 힘을 '가역성'이라 부르는데, 이는 행위의 과정을 반대로 진행하여 원래 상태로 되돌리는 것을 말한다. 처리자가 수없이 고민하고 과학적인 방법으로 복원해도 문제는 언제든 발생할 수 있다.

예를 들어 에폭시수지는 대표적인 합성수지 접착제로 1930년대 처음 만들어졌다. 열에 강하고 내수성도 뛰어나 많은 분야에서 다양하게 활용된다. 에폭시수지는 금속이나 석재, 유리, 목재 등 다양한 재질에 적용이 가능하고 수축력이 적고 접착력이 좋아 보존과학 분야에서 널리 쓰였다. 아니 쓰였었다. 왜 과거형일까?

수지는 쉽게 생각하면 플라스틱을 말한다. 플라스틱의 어원을 따져보면 '가능성 있는', '유연한'이라는 의미를 담고 있는데, 실제 열이나 압력으로 우리가 원하는 모양을 만들 수 있어 산업 전반에 두루 쓰인다. 현대를 플라스틱시대라고 말해도 과언이 아닐 정도다. 플라스틱은 열가소성과 열경화성으로 구분할 수 있다. 열가소성수지는 열을 가하면 부드러워지고 형태를 바꿀 수 있어 만들어진 뒤에도 재활용할 수 있다. 비닐이나 음료수를 담는 용기인 페트병(PET) 등이 해당된다. 반대로 열경화성은 열을 가해서 한번 굳으면 다시 열을 가해도 모양이 변하지 않는다. 변하지 않는다는 것은 매력적인 장점이다. 이 성질을 이용한 에폭시수지는 대표적인 열경화성수지이다. 즉, 한번 굳으면 다시 열을 가하거나 약품을 사용해도 어지간해서는 녹지 않는 성질을 지니고 있다.

에폭시수지는 처음에는 장점이 많아 자주 사용됐고 복원한 유물에도 큰 문제가 발생하지 않았다. 도자기 보존처리에도 많이 쓰였다. 특유의 색을 지니지 않아 색 맞춤 하기도 좋았고 일정한 시간이 지나면 단단히 결합하는 구조 덕분에 접착제뿐만 아니라 복원 재료로도 손색이 없었다. 무색의 접착제는 무척이나 매력적인 재료였다.

시간이 흐르면서 에폭시수지가 자외선에 오래 노출

되면 투명한 색깔에서 황색으로 변색되는 치명적인 단점이 있다는 사실이 밝혀졌다. 초기에는 황변 현상이 나타나지 않았다. 그러던 것이 전시장의 화려한 조명을 받은 도자기 일부가 시간이 지날수록 노랗게 변하는 현상이 발생했다. 게다가 에폭시수지가 가지는 구조적 튼튼함이 오히려 재처리를 위해 떼어낼 때는 문제가 되었다. 한때는 장점이었던 것이 '되돌리기 힘든' 치명적인 단점이 되어버린 것이다. 내화학성이 좋다고 해도 이를 아예 제거하지 못하는 것은 아니다. 다만 이를 제거하려면 독한 약품을 써야 한다. 이는 처리자의 건강 문제를 포함해 예상치 못한 문제가 발생할 우려까지도 감수해야 하는 일이다.

유물은 전시나 보관 과정에서 환경의 영향을 완벽하게 피할 수 없다. 수많은 장점에도 불구하고 자외선에 노출되면 변색되고 '되돌리기도 힘든' 에폭시수지는 더 이상 매력적인 접착제가 아니다. 또 다른 대안이 필요하다. 불편하더라도 되돌리기 쉬운, 좀 더 안정적인 재료를 찾기 위한 노력은 지금도 이어지고 있다.

당시에는 좋은 재료로 인정받아 사용했더라도 시간이 흘러 어떤 문제를 일으킬지는 아무도 장담할 수 없다. 보존과학자에게는 재료나 방법에 대한 신중함도 필요하지만 일이 잘못되었다면 이를 되돌릴 수 있는 용기가 필요하다. 더 나은 방향으로 전진하기 위한 인정과 멈춤이 상황을 더 악화시키지 않는 현명한 선택이다.

삶도 마찬가지 아닐까. 인생에서 어떤 것을 되돌리고 싶다면 멈추고 잘못을 인정하는 데서 시작해야 한다. 그래야 나아가야 할 방향을 곰곰 생각해 볼 수 있다. 실수가 삶을 망가뜨리는 게 아니라 실수를 인정하지 않는 태도가 일을 꼬이게 하고 내가 원하지 않는 방향으로 이끄는 게 아닐까.

보존관리

서서히
소멸하는 중입니다,
하지만

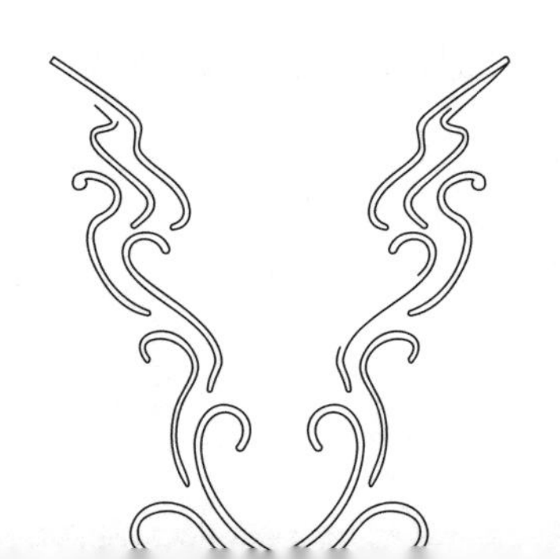

영원을 꿈꾸는 사람들이 있었다. 역사를 돌아보면 이들은 힘들게 얻은 권력을 손에서 놓기 싫어 불로불사를 꿈꿨다. 하지만 모두가 알 듯 살아 있는 모든 것들은 성장하다 서서히 늙고 병들면서 소멸한다. 죽음은 누구에게나 두렵고 피하고 싶은 일이지만 그렇다고 피할 수 있는 일이 아니다.

인간은 자신에게 주어진 육체의 에너지를 소비하다 결국에는 우리 몸을 구성하던 원소로 돌아간다. 그럼에도 인간은 건강한 삶을 조금이라도 더 누릴 수 있기를 바랐다. 이러한 욕망은 의학의 발전으로 이어져 실제 수명을 연장하는 성과를 낳았지만, 결국 우리 모두 소멸한다는 사실은 누구도 부정할 수 없다.

문화유산 또한 넓게 보면 서서히 소멸하고 있다. 다만 각기 가진 시간의 무게가 다를 뿐이다. 특수한 매장 환경에 놓인 유물들은 잠시 시간이 멈춘 듯도 보이지만 이들도 모두 사라지는 과정이다. 그런 의미에서 보면 보존과학은 자연의 흐름을 거스르는 일이다. 자연스럽게 소멸하는 과정을 최대한 늦추려 노력하고 이들이 조금 더 오랫동안 우리와 함께하기를 원하니까.

유물이 조금 더 우리 곁에 있어 주었으면 하는 마음은 과학의 힘으로 완성된다. 재질에 대한 이해를 토대로 한 복원과 관리는 과학적 분석이 없다면 불가능하다. 전시 중이거나 수장고에 보관하고 있는 유물 모두 상황에 맞는 관리가 필요하다. 보존처리가 완료된 이후에는 어느 정도 컨디션을 유지하고 있지만 수장고의 보존 환경에 따라 언제든 변할 수 있기 때문이다. 보존처리를 완료

해도 모든 것이 완벽하다고 볼 수 없다. 방심은 순식간에 그간의 노력을 물거품으로 만들 수 있다. 정성 들여 복원한 유물이라도 언제든 수장고 한편에서 조용히 사라져 버릴 수 있다. 끊임없이 상태를 확인하고 더 나은 환경과 방법을 찾으려는 노력만이 유물이 현재 상태를 오래 유지하는 힘이 되어준다.

박물관 수장고 유물들은 어떻게 관리할까? 가장 이상적인 보존관리는 수장고가 위치한 환경에 따라 적절한 재질의 유물을 보관하는 것이다. 기본적으로 수장고의 내부 관리 환경은 크게 차이가 나지 않아야 한다. 하지만 지하 수장고와 지상 수장고의 환경은 다를 수밖에 없다. 지하 수장고는 외부 환경에 크게 좌우되지 않아 온도는 일정하게 유지될 수 있지만 습도가 높을 수 있다. 이에 반해 지상 수장고는 제아무리 건물의 내·외장 재료에 신경을 써도 외부 영향을 완벽하게 차단할 수 없어 날씨의 영향을 받는다.

결국 제습기나 공조 시스템을 통해 일정한 온도와 습도를 유지해 줘야 한다. 그나마 토기, 도자기, 석재는 주변 환경의 영향을 많이 받지 않는 편이다. 물리적인 충격이 아니라면 온습도도 크게 영향을 주지 않기 때문에 유물을 꺼내거나 넣는 과정에서 좀 더 주의를 기울이면 된다. 금속은 다르다. 습도와 산소 차단이 관건이다. 반드시 밀폐 포장을 하고 이중, 삼중으로 꽁꽁 싸놓아야 한다. 이에 반해 지류나 목재는 일정한 습도가 유지되어야 한다. 너무 건조하면 유물이 지닌 수분이 말라 형태가 변하고 너무 습하면 곰팡이가 생길 수 있어 최대한 적정 습도를 유지해야 한다.

유물을 구성하는 재료의 특성에 따라 필요한 환경도 천차만별이어서 대부분의 수장고는 재질별로 분류하여 유물을 관리한다. 지하 수장고에 제습기를 가동하여 55~60% 정도의 습도를 유지할 수 있다면 목제유물이나 지류 등을 보관하면 좋다. 토기나 도자기 유물은 다른 재질에 비해 신경 쓸 부분이 적으니 공간 선택의 폭이 넓어진다. 이처럼 유물은 재질에 따라 처리 과정도 제각각이지만 관리하고 보존하는 일도 호락호락하지 않다. 서서히 소멸하는 자연스러운 과정을 거스르고 우리 곁에 두고자 하는 욕심이 치러야 할 대가가 크다.

이렇게까지 해서 '보존'해야 하는 이유는 뭘까? 자연의 흐름을 거스르면서까지 말이다. 그것은 우리가 '전달자'이기 때문 아닐까. 과거와 미래 사이, 현재를 사는 사람이 가져야 할 의무 때문 아닐까. 과거는 우리만의 것이 아니다. 미래를 살 사람들에게도 의미와 가치가 있는 만큼 우리는 과거가 남긴 유산을 보호하고 전달해야 할 의무가 있다. 과거의 찬란한 유산을 누리는 데서 나아가 계승하고 발전시켜 조금 더 나은 미래를 선물해야 할 책임이 있다.

백 년 후, 아니 천 년 후에도 우리는 유물이 전해주는 이야기가 사라지지 않게, 서서히 소멸하고 있는 그들을

+ 옛사람들은 오래도록
사라지지 말라고
돌에 글을 새겼다.
하지만 이들도
소멸하는 중이다.

북한산 〈신라 진흥왕 순수비〉

최대한 더 붙잡아 두어야 한다. 자연의 이치로 보면 무척 억지스러운 일이다. 또 수천 년, 수만 년 후에는 지금의 노력이 무색하게 많은 문화유산이 소멸될 것이다. 하지만 그들의 흔적이 사라지지 않도록 분투했던 누군가의 노력은 새로운 유산이 되어 남을 것이다.

생각할수록, 유한한 존재인 사람이 '유한하지만 무한한 문화유산'을 지키는 일은 참 멋지다.

포장

다시 시작된 생을 응원하며

보존처리가 끝난 유물은 전시실로 가거나 수장고에 들어가 화려한 조명을 받을 날을 기다린다. 모든 유물이 전시되기만을 기다리지만 안타깝게도 영영 세상에 모습을 드러내지 못하는 유물도 있다. 전시 공간은 한정적인 탓에 그 시대의 정수를 담은 가장 완전하고 빛나는 유물들만 전시 기회를 얻을 수 있다. 전시되는 유물 뒤 수십만 점의 유물들에게는 대부분 기회조차 주어지지 않는다. 그렇기에 언제 세상의 조명을 받을지 모른 채 마냥 긴 시간을 어두운 수장고에서 보내고 있는 유물을 위해 해줘야 하는 일이 있다.

변하지 않는 금을 제외하고는 금속인 은이나, 청동, 철로 제작된 유물은 주변 환경의 영향을 계속 받는다. 그만큼 다른 재질에 비해 관리가 어려우므로 반드시 포장을 해줘야 한다.

뭔가 제사를 준비하는 의식같이 유물을 포장 재료인 압축스티로폼 발포제 위에 놓는다. 정성 들여 각기 다른 유물 모양을 맞춰 그려 잘라 넣어준 다음, 대기 중에 있을 수 있는 수증기가 유물 표면과 만나는 것을 차단하기 위해 진공 상태로 만들어준다. 그것만으로는 안심이 안 되어 내부에 남아 있는 산소를 제거하기 위해 RP라는 산소 제거제도 넣어준다. 최대한 진공 상태로 만들어야 하지만 너무 무리하면 내부에서 힘이 작용하여 물리적인 손상이 생길 수 있으므로 적당한 진공 상태를 유지시켜 주는 것이 중요하다. 적고 보니 역시 금속은 무척 까다로운 손님이다.

시간도 오래 걸리는 포장 과정을 대수롭지 않게 여기는 이도 있다. 하지만 실상은 그렇지 않다. 보존과학에는

'예방보존'이라는 것이 있다. 유물의 상태가 나쁘지 않더라도 최소한의 안전 장치를 해줌으로써 차후에 발생할지 모르는 변화에 대비하는 것을 말한다. "소 잃고 외양간 고친다."는 속담처럼 외양간을 잘 고쳐 철저하게 대비해 놓으면 소를 잃어버릴 확률이 낮아질 수밖에 없다. 금속유물 포장은 외양간을 고쳐놓는 일과도 같다.

비교적 환경에 영향을 받지 않는 재질의 유물을 제외하고는 외부 환경에 직접적으로 노출되지 않도록 중성의 재료로 포장하는 작업은 유물의 부식을 막아줄 뿐 아니라 설령 상태가 나빠지더라도 피해를 최소화한다. 그런 의미에서 포장은 눈에 띄는 큰 과정은 아니지만 유물의 보존관리에 반드시 필요한 일이다. 또 포장을 소홀히 했을 때 발생할 상황을 생각해 보면 절대 대충 할 수 없는 과정이다. '예방'이 그렇지 않은가. 당장은 시급해 보이지 않지만 혹시 모를 위험에 대비해 우리가 저축을 하고 보험을 드는 것처럼 언제 닥칠지 모르는 일에 대비해 점검하고 노력하는 것.

포장을 끝으로 유물과는 이별하게 된다. 그러니 이 과정이 조금 번거로워도 유물의 안녕을 비는 마음을 함께 담아 정성껏 포장한다. 다시는 아프거나 다쳐서 만나지 않기를 바라면서.

오랜 시간 공들여 만나온 관계가 마지막을 고할 때 상대방에게 모든 것을 주었던 사람은 후회가 없다. 손해 보지 않겠다는 마음이 아니라 내가 가진 것을 온전히 내어주는 마음으로 최선을 다했던 사람은 관계가 끝날 때 망설임 없이 뒤돌아설 수 있다.

유물을 보내는 마음도 그러하다. 최선의 노력을 다해 처리를 끝내고 나면, 포장은 뭔가 이별의 말을 건네는 의식처럼 치르게 된다. 전시가 되어 사람들 앞에 빛나게 설 수 있는 기회가 생겼으면 좋겠다는 마음 반, 그러다가 혹시 또 어디가 아파 다시 만나게 되지 않을까 염려하는 마음 반. 무엇보다 전시관 혹은 보존과학실, 그 어느 곳에서도 다시 마주치지 못한다 하더라도 부디 다시 시작된 이 시대에서의 생이 충분히 의미 있고 값지기를 염원하게 된다.

전시, 그리고 수장고

존재의 이유

가끔 존재의 이유를 생각해 본다. '어떤 이유에서 나는 지금 이 시점에 이 공간에서 살고 있는 걸까?' 거창한 질문을 던지고 싶어서가 아니다. 마치 본능처럼 존재의 의미에 천착할 때가 있다. 한 박물관 유리창 너머에 자리하고 있는 현악기는 2천 년의 시간을 지나왔다. 본디 악기로 만들어졌지만 소리를 내지 못하니 더 이상 악기가 아니다. 자신을 이루고 있는 물질 또한 본래의 자신이 아니다. 어느 순간 그렇게 되어버린 것이다. 만약 유물이 생각을 할 수 있다면 지금 그는 어떤 심정일까?

유리창 너머로 낯선 사람들이 동그랗게 눈을 뜬 채

자신을 보고 감탄하는 모습에서 자신이 사라지지 않고 남게 된 이유를 찾을까? 아니면 한때 자신이 냈던 소리를 떠올리며 왜 더 이상 소리를 내지 못하는지, 왜 이렇게 낯설고 답답한 공간에 놓이게 된 건지 궁금해할까? 혹은 반쪽이 되어버린 자신의 모습을 한탄하며 잃어버린 반쪽을 그리워하고 있을까?

악기로서의 기능을 상실하고 쓸모가 없어진 지 오래니, 더는 존재할 이유가 없다고 생각할지도 모른다. 이미 2천 년 전 자신의 쓰임은 다하였다고. 과연 그런 걸까? 자신의 존재를 의심하는 것만큼 두렵고 무서운 건 없다. 더욱이 자신을 이루던 성분은 사라진 지 오래고, 듣도 보도 못한 낯선 약품과 접착제가 부서져 가는 몸을 위태롭게 지탱하고 있다. 유물에 감정을 이입해 상상해 보면 오히려 존재하는 것이 싫을지도 모르겠다는 생각이 든다.

본래의 기능을 상실한 유물에게 전시는 자신을 다시 알림과 동시에 새로운 존재의 이유를 찾아주는 과정이다. 그들이 사라지지 않고 과거의 시간을 건너온 데는 분명한 이유가 있다. 음악가에게는 오래전 연주되었을 음악을 그려볼 수 있는 소중한 존재이고, 악기를 만드는 장인에게는 그 옛날 나무를 잘라 악기로서의 기능을 부여한 기술을 확인할 수 있는 계기다. 역사가에게는 우리 민족이 어떤 시기에 어떤 음악을 연주했는지를 알려주는 증거다. 그렇다면 보존과학자에게는 어떠할까? 수많은 이유가 있겠지만 현실적으로는 이 시대에 존재하기 어려운 존재가 시간과 공간을 뛰어넘어 자신의 눈앞에 왔으니 유물을 꼭 살려야 한다는 의무감이 꿈틀꿈틀할 것이다. 자신에게 주어진 커다란 역사적 과업이라는 부담감과 함께.

1975년 경주, 예전에는 안압지로 불리던 〈동궁과 월지〉에서 6개의 정사각형면과 8개의 육각형으로 만들어진 14면체의 목재 주사위가 출토되어 세상의 이목이 집중되었다. 주사위 각 면에는 음진대소(술 한 잔 다 마시고 큰 소리로 웃기), 삼잔일거(한 번에 술 석 잔 마시기), 임의청가(마음대로 사람을 지목해 노래 청하기), 월경일곡(월경이라는 노래 부르기) 등 신라인들이 술자리에서 사용했던 주사위였음을 알려주는 글이 적혀 있었다. 이에 주사위에는 술과 관련된 명령을 내리는 도구라는 의미를 담아 〈주령구〉라는 이름이 붙었다.

경주 여행을 하다 보면 다양한 찰보리빵, 황남빵, 신라미소빵, 십원빵 등 문화유산을 모티브로 한 이색적인 먹을거리를 발견할 수 있는데 이 〈주령구〉 모양을 한 빵도 있다. 빵으로까지 만들어진 이 〈주령구〉는 어디에 있을까? 국립경주박물관에 이 특이한 모양의 주사위가 전시되어 있는데 복제품이다. 〈주령구〉는 이제 세상에 존재하지 않는다. 발굴 후 보존처리 과정에서 수분을 제거하기 위해 건조기에 들어갔다가 기기 오작동으로 불이 나버렸기 때문이다. 안타까운 사건이지만 시간을 되돌릴 수는 없다. 그렇다면 복제품은 어떻게 만들었을까? 다행히 보존처리 과정에서 필수로 거치게 되는 처리 전 사

+ 사라졌으나 존재할 수 있는 이유.

〈주령구〉 모형 장식품

진 촬영과 처리 기록들이 남아 있어 복제품을 만들 수 있었다.

〈주령구〉는 사라졌지만 존재했다는 사실은 사라지지 않고 남았다. 덕분에 빵으로도 만들어지고 동궁원 주차장에 위치한 특이한 모습의 화장실로 등장하기도 한다. 이렇듯 한때나마 존재했던 것들은 반드시 흔적을 남긴다. 그들이 모두 잘 보존되고 전시되어 많은 이들의 눈길을 받는다면 더할 나위 없이 좋겠지만, 기회는 누구에게나 주어지지 않는다. 하지만 전시되지 못한 채 수장고 한편에서 묵묵히 시간을 견디는 유물들에게도 존재의 이유는 있다. 우리가 할 일은 이들을 잊지 않고 기억하는 것이다. 분연히 떨치고 일어나 자신의 존재를 알릴 때까지.

기나긴 시간을 지나온 유물들 중에는 안타까운 처지에 놓인 유물들이 있다. 바로 국가에 귀속되지 못하고 갈 곳을 잃어버린 비귀속유물들이다. 원칙적으로는 발굴 조사를 진행한 기관이 소장한다. 귀속되지 않은 유물들은 깨진 조각의 편이 대부분이다. 유물이라는 진정성은 있지만 완형성을 잃어버린 상태다. 이들을 매몰유물이라고도 하는데 매몰유물은 출토된 자리에 다시 되돌려놓는 것이 원칙이다. 하지만 생각해 보자. 우리 곁에 다시 존재를 드러낸 그들을 원래의 모습이 아니라는 이유로 다시 땅에 파묻는 게 가장 좋은 방법일까? 이유가 있어서 존재하는 것이 아니라 존재하기 때문에 이유가 있는 것 아닐까.

이에 문화재청에서는 편히 쉴 곳이 없는 비귀속유물들에게 자리를 마련해 주기로 했다. '옛것을 담은 창고'라는 뜻을 담은 '예담고'에. 문화재청은 예담고를 6개 권역으로 나누어 설치하고, 그 지역에서 발굴된 유물 중 비귀속유물들을 보관함으로써 땅속에 숨겨놓았던 자신들의 이야기를 들려줄 수 있도록 하였다.

완전한 모습의 전시 유물은 유리창 너머로 바라볼 수만 있을 뿐 만질 수도 그 안을 들여다볼 수도 없다. 비귀속유물들은 다르다. 직접 만져보고 들여다보며 선조들의 문화와 기술을 확인할 수 있는 특별한 경험을 선사한다.

어느 신석기시대의 장인이 손으로 만들었던 토기의 두께와 물레를 이용해 균일한 두께로 올려가며 만든 고려청자의 내부는 다를 수밖에 없다. 전시된 유물은 안내 팸플릿의 소개글 몇 줄로 이해하고 유추할 뿐이지만, 비귀속유물들은 우리에게 직접 손으로 만지며 느껴보라고 자신을 한없이 내어준다. 비귀속유물이 완전하지 않기에 가능한 일이다. 그러니 완전한 유물도 완전하지 않은 유물도 혹은 한때는 존재했으나 이제는 사라진 유물도 저마다 존재의 이유가 있다. 우리 모두에게 저마다 존재의 이유가 있듯이.

"중요한 문화유산과 덜 중요한 문화유산은 없다. 그저 존재만으로 가치가 있다. 모든 것은 사라진다는 유일한 진리 앞에, 마지막까지 존재하여 자신을 증명하는 것이 유물의 생이고 우리의 삶이다."

2부

채 발견되지 않은 것들의 이야기

깨져야
알 수 있는
것들

전시장에서 마주하는 휘황찬란한 유물들은 모두 완벽해 보인다. 아니 완벽해 보이게 만들어놓았다. 대부분의 유물들은 시간을 거스를 수 없고 그 과정에서 생긴 크고 작은 결함을 갖고 있다. 하지만 대중에게 전시되는 유물들은 그 시간의 무게마저 이겼다는 듯 당당한 자태를 뽐낸다. 이토록 완벽해 보이는 유물들의 비밀은 바로 보존처리다.

보존과학실에 온 유물은 깨지고 부서진 부분은 접합하고 사라진 부분은 새로 만드는 과정을 거친다. 마지막으로 원래의 편과 하나처럼 보일 수 있게 색맞춤을 한다.

보존처리에는 30cm 거리에서는 복원된 부분이 보이되 1m 정도 거리에서는 구별되지 않도록 처리한다는 원칙이 있다. 진짜처럼 보이되, 적어도 진짜 유물과 만들어진 부분은 구별되어야 한다는 의미일 것이다. 그럼에도 전시실에서 마주하는 유물은 대부분 완벽해 보인다.

거리를 두고 보면 완벽해 보이지만 자세히 들여다보면 조각난 유물들이 대부분인데, 이렇듯 완벽해 보이는 유물들 뒤에는 원형대로 복원하기 위해 수많은 날을 고민한 보존과학자가 있다. 수십 개에서 수백 개의 편으로 나누어진 유물을 복원하여 본래 그들이 지닌 가치를 찾아주려는 누군가의 노력이 있었기에 가능한 일이다. 보존처리의 대상이 되어 접합의 기회가 주어진 유물은 그나마 운이 좋은 경우다. 접합의 기회조차 주어지지 않는 편들이 대부분이기 때문이다.

보통 부서지고 불완전해 보이는 편들은 가치가 없다고 생각한다. 그럼 무수히 많은 조각조각들을 이어 붙여

겨우 복원한 유물은 의미가 없는 걸까? 우리가 시간 개념을 생각할 때 1초가 너무 짧다고 해서 1초가 시간이 아니라고 생각하진 않는다. 깨지고 부서졌더라도 그것은 진짜 유물이다. 완전하지 않다고 해서 중요하지 않은 건 아니다.

유물은 아주 작은 편일지라도 각각의 의미와 가치를 지닌다. '화려하고 완전해 보이는 유물만 중요하고 저렇게 작은 편은 그냥 버려도 되는 거 아니야?' 하고 생각할 수도 있다. 하지만 작디작은 조각들 덕분에 기록되지 않은 역사를 알 수 있고 증명할 수도 있다고 하면 거짓말 같은가?

우리는 흔히 구석기시대에 살던 이들을 미개한 원시인 정도로 생각한다. 그들은 당시 주변에서 흔히 구할 수 있었던 '돌'을 도구화하여 완벽하게 실생활에 적용했던 '스마트'한 이들이었다. 비슷비슷해 보이는 돌의 종류를 구별했고 용도에 따른 적합한 돌을 골라 다양한 도구를 만들어냈다. 그중 흑요석이라는 검은색 돌이 있다. 흡사 유리같이 반짝거리는 이 돌은 석기시대의 신소재였다. 흑요석의 날카로움은 청동기나 철기 같은 금속만큼 뛰어났지만 아쉽게도 아무 곳에서나 구할 수 없었고 그 수도 너무 적었다. 화산 활동이 일어났던 곳에서만 얻을 수 있었기 때문이다.

이 흑요석을 통해 석기시대 사람들의 이동 경로를 알아냈다는 사실을 알고 있는가? 당시 한반도에서 화산 활동이 일어났던 곳은 백두산이었다. 한반도에서 출토된 흑요석은 당연히 백두산에서 만들어진 것이라고 여겼다. 하지만 성분 분석을 실시한 결과 남부지방에서 출토된 흑요석은 백두산이 아니라 일본에서 건너왔다는 사실이 밝혀졌다. 깨어진 흑요석 조각 하나에서 문자조차 없던 시대에도 사람들이 교류를 했다는 사실이 알려진 것이다. 작디작은 유리조각 같은 편을 허투루 보지 않고 그 속에 담긴 이야기에 귀 기울였던 연구자들이 있었기에 가능한 발견이었다.

+ 깨어진 흑요석 조각이
담고 있는 이야기.

흑요석

기록된 역사는 대부분 왕조나 특권층의 삶만 이야기한다. 정작 특권층은 소수일 뿐이었고 이름도 없는 백성들이 대부분이었는데도 그들의 삶은 제대로 기록되지 못했다. 그렇다고 백성의 삶은 중요하지 않은 걸까? 기록되지 않아서? 물론 학문적 측면에서 기록은 무척 중요하다. 하지만 기록되지 않은 역사가 더 많다는 사실 역시 잊어서는 안 된다.

문화유산은 기록되지 않은 역사를 밝히는 매우 소중한 단서다. 원형을 있는 그대로 유지한 유물 못지않게 부서지고 금이 가 내부가 훤히 보이는 유물들 또한 기록되지 않은 역사의 틈을 메우는 중요한 역할을 한다. 완형인 유물로는 알 수 없는 제작기법 등을 확인할 수 있고 이를 통해 당시의 문화와 기술 수준, 생활양식 등을 확인할 수 있기 때문이다. 오히려 유물이 완전하지 않기에 가능한 일이다.

우연의
역사

삶은 우연의 연속일까? 운명이 움직이는 걸까? 구석기 시대부터 현재에 이르기까지 인간의 삶을 변화시킨 숱한 순간들은 우연히 이루어진 것일까? 아니면 의지를 지닌 사람이 주어진 삶에만 순응하지 않고 개척해서 만들어나간 것일까?

유물을 들여다보면 그 속에 담긴 사람들의 삶과 의지를 발견할 수 있다. 그들의 작은 바람과 욕망이 인류사에 결정적인 영향을 미친 혁명을 이루어내 변화를 이끈 원동력이 되었음을 확인할 때마다 나는 우연을 넘어선 '운명'을 느낀다.

물론 과학적 발전과 발견은 갖은 노력으로 일군 것들이 많지만, 가끔 우연이 운명을 만드는 경우를 목격한다. 세렌디피티는 우연으로부터 중대한 발견이나 발명이 이루어지는 것을 의미하는데, X-선의 발견에서도 (물론 실험을 묵묵히 수행한 과학자들의 노력이 있었지만) 운명처럼 느껴지는 우연의 순간을 마주하게 된다.

X-선은 밀폐시켜 진공 상태로 만든 유리관에서 시작되었다. 양 끝에 음극과 양극으로 전기를 연결하면 음극에서 나온 전자가 양극으로 흐르게 되는데 이는 이전의 과학자들도 알고 있는 현상이었다. 하지만 확실한 이유를 몰랐던 까닭에 음극에서 나오는 광선이라 하여 음극선이라 불렀다.

19세기 후반, 과학자들 사이에서 음극선 실험이 활발하게 이루어졌는데, 빌헬름 뢴트겐도 그중 한 명이었다. 어두운 실험실에서 음극선 발생 실험을 하고 있던 빌헬름 뢴트겐은 한편에 놓여 있던 스크린에서 빛이 나는 현상을 발견했다. 우연히 그곳에 자리하고 있었던 스크린에는 형광물질이 묻어 있었다. 뢴트겐은 이 현상이 무엇을 의미하는지 알지 못했다. 그저 음극선이라고 생각한 그는 크룩스관(음극선의 움직임을 연구하려고 만든 진공관)을 검은 종이로 감싸 다시 한번 실험했는데 그럼에도 스크린에서 계속 빛이 났다. 그는 음극선이 아닌 미지의 선이 있다는 것을 알게 되었고, 미지의 광선이라는 의미를 담아 X-선이라 명명했다.

이 발견으로 뢴트겐은 1901년, 제1회 노벨물리학상을 수상한다. 또한 X-선 발견 이후 과학계는 가히 혁명을 맞이하게 된다. 그 실험실에 다른 실험을 하기 위해 놓여 있던 스크린이 없었다면 X-선을 발견하지 못했을 것이다. 우연과 과학자의 필연적인 노력이 없었다면 우리는 여전히 그 시대에 머물러 있을지도 모른다.

모든 유물은 그것이 만들어진 시대에 살던 사람들이 사용하던 물건들이다. 물건은 일상생활에 꼭 필요한 도구로서, 사람들의 필요에 의해 탄생했다. 처음에는 주변에서 쉽게 구할 수 있는 재료로 꼭 필요한 기능만 장착하여 사용하다, 점점 편의를 위해 여러 기능을 더했으면 좋겠다는 바람이 생겼다. 사람들의 요구는 어느 솜씨 좋은 기술자의 노력과 놀라운 발견을 가져다준 우연의 순간들을 통해 구현되었다. 이러한 일들이 맞물리고 지속되며 기술의 발전이 이루어졌다.

물건을 만드는 데 필요한 재료는 자연의 지배를 받는 환경 속에서만 얻을 수 있었다. 우리가 4대 문명이라고 부르는 메소포타미아, 이집트, 인더스, 황하 문명이 큰 강을 끼고 시작된 것은 우연이 아니다. 풍요로운 자연환경은 사람들을 모이게 했고 문명을 형성했다. 지역에 따라 얻을 수 있는 재료와 물건이 다르다는 걸 알게 된 사람들 사이에서 물물교환이 이루어졌고, 물건은 공간의 제약에서 벗어나 유통되었다. 이 과정에서 물건의 가치를 환산할 수 있는 화폐가 발달했고, 사유재산은 계급을 나누고 사회를 변화시켰다. 물건이 인간의 삶과 사회를 바꾼 것이다. 재료의 발견과 이용은 '우연히' 시작되었으나 이를 더 좋게, 편리하게 발전시킴으로써 새로운 운명을 만들어냈다.

우리가 역사적 시기를 석기시대, 청동기시대, 철기시대로 구분하는 것은 재료에 따라 시대가 변화했다고 보기 때문이다. 물건이 시대를 움직인 것이다. 지금 우리가 사는 시대는 4차 산업혁명시대라고 불린다. 연표에 도구로 이름이 붙은 시대는 공식적으로는 철기시대가 마지막인데, 철이 아직도 우리 삶에 많은 영향을 미치고 있다는 사실을 방증하는 게 아닐까 싶다.

철을 이용하여 철도를 놓고 그 위를 달릴 수 있는 증기기관을 발명하여 사람과 물자가 자유롭게 이동하게 되면서 새로운 시대인 '산업혁명시대'가 열렸다. 산업혁명은 전기의 사용으로 전화, 라디오 등이 보급되면서 2차 산업혁명으로 이어졌고 이후 인터넷과 휴대폰이 등장한 3차 산업혁명, 그리고 인공지능과 로봇의 등장으로 대변

되는 4차 산업혁명으로 이어지고 있다.

이제 인류는 신소재를 개발해 내는 단계까지 이르렀다. 자연계에 존재하지 않는 물질을 만들어냈고 이내 이전과는 너무도 다른 세상이 펼쳐졌다. 결국 공간의 한계를 극복하기 시작하면서 지구 너머 우주까지 진출하게 되었다.

돌(석기시대)에서 시작해 우주까지 진출하는 발전을 이루어냈다는 게 믿기는가? 괴리감이 느껴질지도 모르지만 이 모든 것은 사실이다. 그저 누군가의 눈에는 돌덩어리로 보일 널리고 널린 돌로 도구를 만들어 사용했던 인류가 도전을 거듭하며 만들어낸 변화다.

지금은 낡고 쓸모를 다한 유물들도 당시에는 우연과 노력의 결과물로 만들어진 운명적인 물건들이었다. 그리고 지금 우리 눈에는 특별할 것 없어 보이는 물건들 또한 미래에는 대단한 일들의 가장 처음이 될 수 있다. 포기만 하지 않는다면, 인간의 모든 노력은 '우연'이 가져온 운명적인 발견과 만나 결국 우리를 더 나은 곳으로 이끌어주지 않을까? 수많은 문화유산이 여전히 우리 곁에서 자리를 지키고 있는 이유 역시, 이 메시지를 전하고 싶어서가 아닐까?

미래를 위해
남겨놓는
마음

현대를 사는 우리와 가장 가까운 역사시대는 조선시대이다. 실제 우리가 사는 시대는 조선시대의 바탕 위에서 펼쳐지고 있다. 가깝게는 궁궐을 꼽을 수 있다.

1393년, 태조 이성계가 고조선을 계승하겠다는 의미를 담아 국호를 조선으로 정했다. 그는 수도를 개성에서 한양으로 옮기고 그곳에 궁궐을 포함한 자신의 이상향을 건설하였다. 성리학을 통치 이념으로 삼은 조선은 드나드는 문 하나에도 유교의 의미를 담아냈다. 하지만 임진왜란과 19세기 일제강점기를 겪으며 궁의 90% 이상이 훼손되는 시련을 겪게 된다. 특히 일제는 〈경복궁〉의

전각들을 헐고 조선의 정기를 끊겠다며 그 앞에 조선총독부 청사를 세우는 만행을 저지른다. 해방 이후 이미 망해버린 나라, 조선의 이름은 더 이상 중요하지 않았다. 결국 우리는 새로운 시대를 꿈꾸며 조선의 상징과도 같던 궁궐과 그곳에 살던 이들의 흔적을 지워나갔다.

그러던 것이 1990년대에 들어서야 〈경복궁〉을 중심으로 우리의 과거를 다시금 바라보는 움직임이 일었다. 과거와 현재가 미묘하게 공존하는 도시, 서울의 현주소를 인식하게 된 것이다. 일제에 의해 파괴가 자행되었고 이후에는 변화라는 흐름 속에 방치되었던 우리의 과거를 말이다. 국가는 민족의 정기를 회복하고 문화민족으로서의 자긍심을 되찾기 위해 〈경복궁〉 원형 복원 사업을 시작했다. 그 원형은 〈경복궁〉을 중건한 시점인 1868년으로 잡고 2045년 완성을 목표로 복원에 들어갔다.

조선시대 궁궐과 같은 목조 건축물을 지을 때 가장 중요한 건축 재료는 단연 나무였다. 특히 대들보에 쓰일 나무는 크면서도 단단해야 했다. 재질이 뛰어나 조선시대부터 왕의 나무라 불리며 주요 건축물에 사용된 소나무를 두고, 누군가는 매끈하게 뻗어 아름답다며 미인송이라 불렀고, 누군가는 금강석처럼 단단하다고 금강송이라 불렀다. 하지만 이 소나무의 진짜 이름은 황장목(黃腸木). 속이 노랗고 겉은 붉어서 그리 불렀다고 한다. 숲을 이룬 곳 근처의 돌에는 "황장목의 봉계지역은 생달현, 안일왕산, 대리, 당성의 네 지역이며 관리 책임자는 명길이다."라고 쓰여 있었다. 왕실의 나무들이 자라는 지역을 표기함으로써 일반 백성들이 그곳의 나무를 베지 못하도록 경계를 표시한 것이다.

조선시대부터 왕의 나무라 불리던 울진 소광리의 금강송을 노래한 시인 안도현의 〈울진 금강송을 노래함〉이라는 시에는 "하늘지붕의 기둥이 되는 금강송의 나라"라는 구절이 나온다. 일반 소나무보다 추운 지역에서 더디게 자라 나이테가 촘촘한 이 지역의 소나무는 뒤틀림이 적고 단단하여 궁궐이나 사찰 등의 건축재로 쓰였다. 귀한 나무인 만큼 아무나 나무를 베지 못하도록 황장봉계 표석을 세워 엄히 금지했으나, 일제강점기부터 시작하여 한국전쟁 이후 1980년대 초까지 무분별하게 베어져 사라질 지경에 이르렀다. 이때 벌목하여 경상북도 봉화의 춘양역에 모아져 각지로 빠져나가게 되면서 춘양목이라는 이름도 얻게 된다. 1959년에는 산림청이 민간인의 출입을 금지하여 보호하다 2006년부터 에코투어라는 이름으로 개방했다. 이곳에는 500년 수령의 소나무를 포함하여 200~300년 된 금강송 8만여 그루가 자리를 지키고 있다.

옛사람들은 왜 크고 오래된 소나무를 좋은 소나무라 여겼을까? 앞에서 말했듯 목조 건축물에서 가장 중요한 것은 '대들보'다. 보의 크기가 건축물의 규모를 정하기 때문이다. 조선시대 숙종 때인 1680년에는 황장목이 있는 지역을 봉산(나라에서 나무 베는 것을 금지하던 산)으로 지정하고 왕실만 사용하도록 하였다. 그만큼 좋은 목재임을 알아보고 독점한 것이다.

흥선대원군이 임진왜란 당시 불타버린 〈경복궁〉을 중건하고자 했던 것은 실추된 왕실의 권위를 회복하기 위함이었다. 크고 화려한 궁궐 건물을 지으려면 좋은 소나무가 필요했다. 하지만 공급이 원활하지 않자 양반들의 묘지림을 벌목했고, 이를 계기로 정치적 위기를 맞게 된다. 그만큼 위용 있는 건물을 짓기 위해서는 튼튼하고 큰, 좋은 소나무가 많이 필요했다.

〈숭례문〉 복원에 쓰인 소나무를 벌채할 때는 소나무의 영혼에 고하는 산신제를 꼭 지낸다. 비록 쓰임이 필요해서 베어 사용하고자 하나 허투루 쓰지 않고 좋은 곳에 자리하여 많은 이들이 누릴 수 있도록 할 터이니 벌채를 허락해 달라는 의식을 치르는 것이다.

못생긴 나무가 산을 지킨다는 말이 있다. 좋아 보이는 나무는 일찍이 눈에 띄어 제대로 자라기도 전에 잘리고 말지만 못생긴 나무는 그렇지 않아 천천히 성장하면서 충분히 자라 아주 큰, 좋은 나무가 되는 것을 비유적으로 표현한 것이다.

황장목, 미인송, 금강송, 춘양목 각기 부르는 이름은 다르지만 우리나라의 역사와 문화가 깃든 궁궐이 되어준 나무는, 미래를 위해 남겨두는 마음이 있었기에 잘 자랄 수 있었다. 지금 당장 필요하다고 써버리는 성급함이 아니라 가장 필요한 장소에 가장 필요한 순간에 쓰일 수 있도록 남겨두는 마음 덕분에.

우리에게 주어진 자원이라고 해서 모두 누려도 된다고 생각해서는 안 된다. 미래와 후손을 위해 남겨놓는 마음이 필요하다. 그것이 오랜 세월 한 자리를 꿋꿋하게 지키고 있는 문화유산이 우리에게 전하고픈 큰 가르침 중 하나일 것이다.

보존과학에서도 미래를 위해 남겨놓는 일들이 있다. 지금의 과학기술과 재료로 수리할 수 있더라도 미완의 복원이 될 확률이 높다면, 성급하게 진행해 자신의 실적을 채우려 하기보다 더 나은 기술과 재료들로 온전히 복

+ 더 나아질 미래에 맡겨두는
보존과학의 과제.

〈옥충장안교(비단벌레 장식 말안장 뒷가리개)〉
©국가문화유산포털

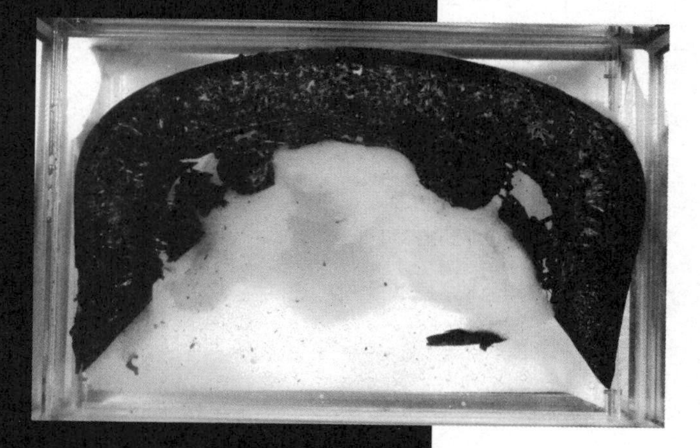

원될 수 있도록 기다리고 후일을 도모하는 것이다.

경주 〈황남대총〉에서 1975년 발굴된 〈비단벌레 장식 말안장 뒷가리개〉를 예로 들 수 있다. 2천여 장의 화려한 비단벌레 날개로 만들어진 이 유물은 출토 당시 비단벌레의 날갯빛 그대로를 보존할 처리 방법이 없었다. 더구나 지금이라도 당장 유물 상자에서 튀어나와 날갯짓이라도 할 것처럼 천연의 색상을 유지하고 있는 비단벌레 날개를 빛에 노출하거나 잘못 건조할 경우 순식간에 색이 흩어져 버릴 수 있었다. 이웃나라인 중국과 일본의 사례도 검토해 보았으나 복원 후 훼손된 사례가 있었기 때문에 99%의 글리세린 용액에 담아 암흑 속에 보관해 왔다.

2017년 국립경주박물관 보존과학실에서는 보관용액인 글리세린의 안정성을 분석하고 향후 보존처리를 할 경우 사용하게 될 약품을 조사했다. 발굴 후 40여 년간 글리세린 용액에 담아둔 채 보관만 해온 터라 장기간 보관해도 글리세린이 유물을 훼손하지 않는지 그 안정성을 다시 연구한 것이다. 유물이 원형 그대로 보존될 수 있도록 끊임없이 고민하고 연구하는 면면이 엿보인다.

신라시대 최상위 계층만 독점했던 것으로 보이는 비단벌레 장식품은 2020년 신라시대 공주의 묘로 추정되는 쪽샘 44호분에서도 발견되어 다시 한번 세상의 주목을 받았다.

비단벌레 장식품의 온전한 보존처리를 위해 수십 년간 심혈을 기울인 연구자들의 노력이 미래의 어느 날 활짝 꽃 피우기를 기다리며,

빛 한 줄기 들지 않는 암흑 속에서 외로이 긴 시간을 버티고 있을 유물에게도 밖에서 끊임없이 노력하는 이들의 정성이 가닿기를 바라며,

추사 김정희가 남긴 현판 '유재(留齋)'의 글귀를 아로새겨본다.

> 기교를 다하지 않고 남겨 자연으로 돌아가게 하고(留不盡之巧 以還造化)
>
> 녹봉을 다하지 않고 남겨 조정으로 돌아가게 하

고(留不盡之祿 以還朝廷)

재물을 다하지 않고 남겨 백성에게 돌아가게 하고(留不盡之財 以還百姓)

내 복을 다하지 않고 남겨 자손에게 돌아가게 한다(留不盡之福 以還子孫)

빼앗긴,
잊힐 권리

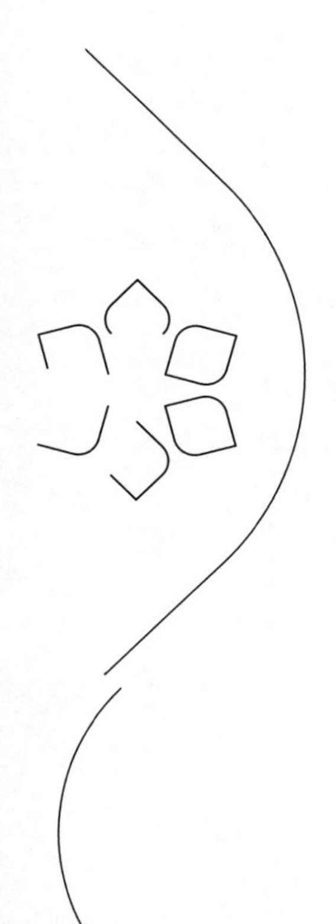

나란 존재는 언제까지 기억될 수 있을까? 대단히 유명한 역사적 사건의 주인공으로 살지 않는 한, 내 이름을 기억하는 이가 이 세상에 실재하는 시기는 고작 100년쯤 될까? 나를 기억하는 가족, 친척, 친구, 동료, 그들이 사라지면 내 존재 역시 점점 희미해지고 사라질 테니.

기억에서 잊힌다는 것은 서글픈 일이지만 다른 한편으론 다행일지도 모른다는 생각을 한 적이 있다. 누군가 내 의지와 상관없이 사라지지 않고 이 지구상에 영원히 존재하게 된다면 축복으로 여길 것 같으냐고 묻는다면, 내 대답은 "아니오."이기 때문이다.

2021년 광주비엔날레는 '떠오르는 마음, 맞이하는 영혼'이라는 주제로 열렸다. 그중 인상 깊은 작품이 있었는데 바로 〈우리를 구속하는 장소로부터의 영원한 도피〉였다. 작품의 작가인 칼라포라스 킴은 사람들이 죽으면 스스로를 어떻게 처리할지 결정할 권리가 있다고 이야기한다. 그러면서 박물관에 전시되는 유물과 유해 들이 당사자의 뜻과 상관없이 자리를 떠나 박물관 소유가 되는 것을 지적한다. 더불어 전시되는 인골의 정체성을 돌아보게 한다.

과거 인간으로서의 존엄성을 지녔던 존재였으나 사후에는 박물관의 소유가 되어버린 이들, 우리는 이들을 어떤 시선으로 바라봐야 할까? 그녀의 전시는 우리에게 한번쯤은 꼭 물어야 할 질문을 던져주었다.

그녀의 작품을 보고 나는 큰 충격을 받았다. 진정 우리가 '유산'이라는 이름으로 그들의 신체를 전시하는 것이 맞을까? 아무도 그를 기억하는 사람이 없다는 이유로 소유하고 전시할 권리가 과연 우리에게 있는 것일까?

과거 '인간 동물원'이라는 잔인한 전시회가 있었다. 1903년 일본 오사카에서 열린 한 박람회의 학술인류관에서 대만인, 아이누인 등과 함께 조선의 여성이 전시된 것이다. 우리는 과거의 사람들이 지금의 우리보다 미개하고 수준이 낮다고 여긴다. 그렇다면 '인간 동물원'을 기획하고 관람한 1900년대의 사람들은 선사시대를 살았던 사람들보다 정말, 더 나은 존재였을까?

미래에 전해줘야 할 유산은 어쩌면 물질적인 것이 아닐지도 모른다. 유물에 담긴 내용과 의미를 읽지 못하면, 박물관의 문화유산들은 재화적인 측면에서 본래의 용도를 상실하고 그저 전시품으로서의 기능만 유지하고 있는 '오래된 물건'일 뿐이다. 유물의 가치는 우리가 그것을 어떻게 바라봐야 하는지 고민할 때 발현된다. 그래야 비로소 유물이 관통해 온 시간과 그것을 사용했던 사람들의 지혜와 경험이 보인다.

우리는 유물들의 잊힐 권리를 빼앗았다. 우리는 그들

+ 잊힐 권리를 빼앗긴
그들에게 전하는 마음.

광주 신창동 출토 여성인골
©국립광주박물관 e-뮤지엄

이 오랫동안 존재하기를 원한다. 그렇다면 우리가 유물에게 보답할 수 있는 길은 그들을 최대한 온전한 모습으로 보존하여 존재의 의미가 왜곡되지 않도록 노력하는 것이다. 적어도 박물관에서 전시되는 유물들을, 1900년대의 사람들보다는 한 걸음 더 나아간 방향에서 보려고 애써야 한다. 그것이 아무도 기억하는 이가 없는 공간에 놓인 유물에 대한 최소한의 예의일 테니. 이는 문화재 보존과학이 존재하는 의미와 맞닿아 있다.

하지만 물건은 차치하더라도 여전히 사람의 뼈를 전시하는 것이 윤리적인 측면에서 아무런 문제가 없는지에 대한 답은 찾지 못했다. 만약 유물의 MBTI가 E라면 세상의 시선을 즐길지도 모르지만 극강의 I라면 너무도 싫지 않을까. 그저 한 줌의 흙으로 돌아가 편하게 쉬기를 원하는 존재가 화려한 조명들과 낯선 사람들의 시선을 견뎌가며 힘든 시간을 보내고 있다고 생각하면 마음 한편이 먹먹해진다.

그들이 빼앗긴 잊힐 권리를, 적어도 전시를 관람하는

이들은 한번쯤 돌아보기를, 부디 인골 전시에 더 많은 고민이 이루어지기를, 더불어 그들을 애도하는 새로운 방식의 전시가 확산되기를 바라본다.

보이지 않는 유산들의
들리지 않는
아우성

문화유산은 존재와 소멸 사이에 놓여 있다. 어느 순간 방심하면 소멸하고 끊임없는 눈길과 관심이 이어지면 존재할 수 있다. 눈에 보이는 유산을 유형문화유산, 눈에 보이지 않는 유산을 무형문화유산이라고 한다. 상대적으로 눈에 보이는 문화유산은 지키기 쉽다. 문화재를 발견하면 박물관이나 문화재청에서 관리하게 된다. 그렇다면 눈에 보이지 않는 유산은 어떻게 지켜낼 수 있을까? 예전에는 전통을 계승한 음악이나 무용, 기술 등을 지닌 분들을 인간문화재라고 불렀다. 또 눈에 보이지 않는 무형의 문화유산 보전을 위해 이를 계승하는 사람을 지정하고 명맥이 이어지도록 했다.

과거 이러한 기술은 나라의 운명을 좌우하기도 했다. 새로운 세상을 꿈꾸기 위해서는 강력한 그 어떤 것이 필요했다. 일상이 전쟁이었던 시절, 승패는 자신의 목숨뿐만 아니라 가족과 나라의 운명을 결정지었다. 2007년에 방영되었던 MBC 드라마 〈주몽〉에서 철기방 야철대장 모팔모가 강철검을 만들기 위해 고군분투하는 장면이 나온다. 그가 결국 강철검 제작에 성공하면서 고구려가 승기를 잡게 된다. 모팔모는 자신이 성공한 강철검의 제작 비법을 누군가에게 알려줬을까?

21세기인 지금도 나라 산업의 근간이 되는 과학기술의 유출은 국가 미래를 위협하는 일로 여겨 철저히 비밀리에 진행하는 것이 원칙이다. 하지만 유출을 막기 위해 나 혼자만 알고 있다 갑작스럽게 죽기라도 하면 기술은 영원히 묻히고 다시금 이를 만들기 위해서는 더 많은 시간과 노력이 필요하다.

그렇기에 국가에서는 전통문화와 기술이 이어질 수 있도록 무형문화유산으로 지정해 지원하고 관리한다. 1962년 제도가 마련되어 지금까지 140여 종의 종목을 지정했다. 관리는 명맥이 끊어지지 않도록 이어나갈 보유자와 전승자, 이수자 등을 두어 운영한다. 특히 소멸 위험이 있는 종목은 국가긴급보호무형문화재로 지정해 특별 관리하는데, 이는 대부분 70대 이상으로 고령의 나이인 보유자가 사망할 경우 전승과 보전이 어려워 해제될 수 있기 때문이다.

무형의 문화유산은 눈에 보이는 문화유산보다 보전과 계승이 쉽지 않다. 대중의 관심에서 사라져 소리 소문 없이 사라질 수도 있고, 보유자와 보유 단체 간에 분쟁이 일어날 수도 있다. 무엇보다 사람이 하는 일이기에 더 어렵다. 보전, 계승 과정에서 다툼이 일어나 벌금 이상의 형을 선고받으면 지정이 해제되는 까닭에 이를 악용한 고소나 고발 등의 진흙탕싸움도 일어난다. 무형문화유산을 지금까지 이어온 이들은 아무런 보상이 없을 때도, 아무도 관심을 갖지 않을 때도 유산을 지켜온 사람들이다. 단순히 기교나 기술을 지닌 기능인이 아니라 긴 시간 자신이 보유한 기술에 담긴 시대정신과 가치가 사라지지 않도록 지켜낸 이들이다. 존재와 소멸 사이에 놓인 그들을 보전해야 할 책임이 우리 모두에게 있음을 잊지 않아야 하는 이유다.

K-POP이 한국을 넘어 전 세계 사람들의 마음을 움직이게 된 것은 하루아침에 만들어지지 않았다. 음악에 담긴 우리나라만의 정신과 특별함이 원천이 되었다. "여자가 한(恨)을 품으면 오뉴월에도 서리가 내린다."는 속담이 있다. 한이라는 감정은 숱한 고난의 역사를 헤쳐온 민중들의 고통이 고스란히 담긴 단어로 우리 민족은 한을 흥으로 승화시켰다. 어떠한 고난과 역경이 삶을 막아서도 좌절하지 않고 슬픔을 넘어 그 감정을 흥으로 극복한 것이다. 힘든 농사를 지으면서도 얼굴을 찌푸리거나 불만을 토로하기보다는 맛깔난 노동요를 만들어냈고,

19세기 열강의 틈바구니에서 방향을 잃고 이리저리 치이던 나라의 설움을 아리랑으로 토해냈다.

이러한 정신과 문화는 눈에 보이지 않지만 우리의 핏속에 흐르고 있다. 이는 한국인만의 독특한 문화적 자산을 이루는 토대가 되어주었다. 무형문화유산은 우리가 지닌 문화적 DNA를 증명한다. 이것이 바로 눈에 보이지 않는 무형문화유산에 대한 체계적인 보전과 지원이 필요한 이유다.

무형문화유산 보유자들은 자신과 함께 사라질 운명에 놓인 문화유산을 안타깝게 바라볼 수밖에 없다. 아무도 기억하지 않고 아무도 그 명맥을 이어나가려 하지 않는 현실 속에서 그들이 할 수 있는 일이라곤 자신이 지닌 오랜 문화와 역사가 담긴 기술을 보여주고 가치와 중요성을 목 놓아 이야기하는 것뿐이다. 자신의 이야기를 귀담아 듣는 누군가에 의해 사라지지 않고 이어지기를 간절히 바라는 일뿐이다.

'한국만의 독자적인 것'들을 만들어낸 정신이 깃든 무형문화유산의 들리지 않는 아우성에 이제는 다정한 관심을 보여주어야 할 때다. 더 늦기 전에.

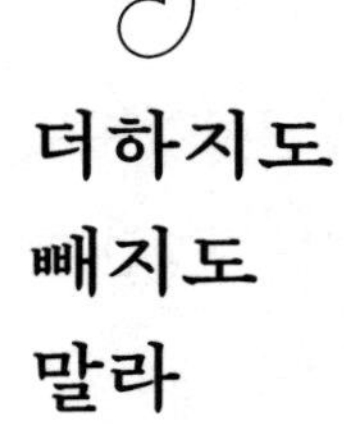

더하지도
빼지도
말라

보존처리에서 '원형 유지' 원칙은 아주 중요한 개념이다. 간단하게 보면 보존처리는 출토되었을 당시의 모습 그대로 사진을 찍고, 혹시 모를 상황에 대비해 유물 주변까지 꼼꼼히 수습하여 유물이 원래의 모습을 찾도록 돕는 일이다. 이 과정에서 더하지도 빼지도 말아야 한다. 자칫 역사를 왜곡할 수 있기 때문이다.

예를 들어 도자기를 보존처리 할 때는 본래 이 도자기를 손으로 빚어 구웠던 장인의 생각을 유물을 통해 읽어내고 그에 맞게 복원해야 한다. 조선시대 도자기 하면 떠오르는 〈달항아리〉는 완전한 원형이 아니다. 크기가 큰 도자기를 만들 때 건조나 굽는 과정에서 어그러지는 일이 발생하기 때문이다. 〈달항아리〉는 위와 아래를 따로 만들어 접합을 시켜 완성했다. 그런 이유로 〈달항아리〉는 완벽한 비례미보다는 단순하면서도 우아한 미를 뽐낸다. 즉, 평범해 보이지만 평범하지 않으며 특별하지 않지만 특별해 보이는 묘한 매력을 갖고 있다.

그리스 신전 같은 황금 비율이 멋있다고 생각하는 사람이 보기에 〈달항아리〉는 완성도가 떨어지는 도자기라고 생각할 수 있다. 만약 이러한 생각을 지니고 복원할 경우 그는 〈달항아리〉를 완벽한 비례미를 가진, 완전한 원형의 형태로 복원하려 할 수 있다. 각자 생각하는 보존과 복원의 개념이 다를 수 있기 때문에 보존처리에서는 최소한의 객관적인 기준이 필요하다.

유물의 복원 기준에 대한 고민은 시대에 따라 변했다. 단순히 실용적인 기능을 되살리는 데 집중한 시기도 있었고, 고대의 작품이 역사적 가치를 지녔으므로 복원된

+ 더하지도 빼지도 않은
오롯한 나로 살기 위해.

백자 〈달항아리〉
©국립광주박물관 e-뮤지엄

부분과 원본이 구분되어야 한다고 주장한 학자도 있었다. 19세기에는 완전한 상태로의 복원을 최우선으로 여기면서 현대적인 재료를 사용해 사라진 부분을 재창조하기도 했다. 일부 학자는 원래 상태 그대로를 유지하는 선에서 최소한의 보수만 하는 것이 최선이라고 주장했다.

다양한 보존과 복원에 대한 활발한 논의는 문화유산을 바라보는 시선이 다양하다는 것을 의미한다. 더하지도 빼지도 말고, 확실한 근거 자료에 의한 복원이 이루어져야 함은 분명한 사실이지만, 어떤 시기의 모습이 원형인지, 현대의 재료를 사용하는 것 자체가 진정성을 훼손하는 일은 아닌지 등을 깊이 고민한 다음에 신중하게 접근해야 한다.

최근 복원한 〈광화문〉 현판도 이 문제를 다시 한번 생각해 보게 한다. 당시 〈광화문〉 현판의 복원 시기는 흥선대원군의 〈경복궁〉 중건 시기로 잡았는데, 중건 시 글씨를 쓴 훈련대장 임태영의 서체를 그대로 복원하였다. 그 이전인 1968년, 전쟁으로 소실된 〈광화문〉을 콘크리트 건축물로 복원할 때는 박정희 대통령이 직접 쓴 한글 현판을 걸었다. 이후 2006년부터 '〈광화문〉 제자리 찾기' 사업이 시작되면서 2010년 다시 한자 현판으로 교체했으나 현판을 건 지 3개월 만에 균열이 생겼다. 이에 새로운 현판을 걸어야 했는데, 어느 시기를 복원 시점으로 삼을지를 두고 논란이 이어졌다. 논란은 2023년 새로운 현판이 걸릴 때까지 이어졌다.

새롭게 걸린 현판은 무엇을 근거로 복원했을까? 미국의 스미소니언 박물관에서 소장하고 있던 한 장의 사진이 근거가 되었다. 〈광화문〉을 배경으로 두고 찍은 사진에서 검은색 바탕 위에 〈광화문〉이라고 쓰여 있는 현판을 확인한 것이다. 사진에는 "1893년 9월 이전에 촬영"이라는 기록이 있었는데, 사진에 군복 차림의 조선인들이 있는 것으로 보아 군복이 폐지된 1895년 이전에 촬영한 사진으로 시기를 유추할 수 있어 기록의 신빙성이 높았다. 조선시대의 기록문화유산인 《영건도감의궤》도

근거가 되었다. 의궤는 건축 과정, 공사기법, 재료 등을 꼼꼼히 기록한 것으로 추후 건물이 불타도 복원이 가능하도록 한 소중한 기록문화유산이다.

결정적으로 2018년 한성부 주부 원세철이 〈경복궁〉의 중건을 시작한 날부터 끝날 때까지의 상황을 매일 기록한 《경복궁 영건일기》가 발견되면서 복원 시점 논의는 일단락됐다. 일본 와세다대학교 도서관에 소장된 것을 미술사학계 소장학자였던 김민규 씨가 발견한 것이다. 기록에는 '검은색 바탕에 금색 글자'임을 의미하는 "묵질금자"가 쓰여 있었다. 결국 〈광화문〉 현판은 검은색 바탕에 금색 글자로 복원되었다. "묵질금자"는 당시 국내외의 변화하는 정세 속에서 다시금 조선 왕실의 권위를 세우기를 바랐던 이들의 염원이 담겼을 것이다.

역사를 복원하는 일은 단순한 문제가 아니다. 복원 시점, 어떤 정신을 어떻게 담을 것인가는 열린 마음으로 다양한 의견을 충분히 수렴한 다음에 결정해야 한다. 100년 만에 이뤄진 〈광화문〉 현판 복원은 더하지도 빼지도 말고, 진정성 있는 복원의 길을 어떻게 찾아가야 하는지를 보여주는 좋은 사례다.

언젠가부터 미니멀 라이프가 유행이다. 많은 사람들이 일상생활에서 꼭 필요한 물건만 소유함으로써 만족과 행복을 추구하는 삶의 방식에 열광한다. 누군가에게 보여주기 위한 화려한 삶이 아닌 '더하지도 빼지도 않은' 오롯한 나로 살려는 이들이 늘고 있다는 방증이다. 불필요한 것은 덜어내고 가장 가치 있는 것만 남겨 자신이 원하는 삶을 향해 걸어가는 것, 문화재 복원과 그 결이 닮아 있다고 느끼는 게 나만은 아니지 않을까.

〈청동거울〉에
비춰본 나

《자치통감》,《동국통감》이라는 역사서가 있다. 이 두 역사서에서 눈에 띄는 글자가 있는데 바로 거울 감(鑑)이다. 볼 감(監) 자가 아닌 거울 감을 쓴 이유가 무엇일까? 역사서는 단순히 과거를 보는 행위가 아니라 거울에 비친 우리의 현 모습과도 같으니, 역사를 교훈 삼아 현재를 살펴보고 미래를 내다보라는 의미를 담고자 했기 때문이다. 다시 말해 역사가 미래를 비추는 거울임을 알았던 것이다.

많은 관람객들이 박물관 전시 케이스 앞에서 고개를

갸우뚱하고 오랫동안 쳐다보는 유물이 있다. 지금은 푸르른 녹이 앉아 도저히 거울로 생각할 수 없는 〈청동거울〉이 그것이다. 관람객들은 도저히 얼굴을 비추어볼 수 없어 보이는 〈청동거울〉을 두고 왜 이걸 거울이라고 부르는지 의아해한다. 특히 〈청동거울〉 중에는 화려한 문양이나 글씨까지 새겨진 것들도 있으니, 이 거울의 용도에 의구심을 품을 만도 하다. 〈청동거울〉은 사실 대부분 거울의 뒷면이 정면으로 전시되는 경우가 많다. 얼굴을 비추어보던 밋밋한 앞면이 아니라 각각의 개성이 드러나는 뒷면을 보여주는 것이다. 더욱이 청동유물의 특성상 반짝반짝 빛나던 과거의 영광은 사라진 지 오래. 푸르스름한 녹으로 뒤덮여 있기 때문이다.

〈청동거울〉을 보존처리 할 때면 거울로서의 기능을 잃은 줄 알면서도 나도 모르게 가만 내 얼굴을 비추어볼 때가 있다. 그럴 때면 종종 시대의 아픔 속에 써 내려갔을 청년 윤동주의 시 〈참회록〉이 떠오른다.

+ 나도 모르게 가만히 내 얼굴을
〈청동거울〉에 비추어본다.
오늘 거울에 비친
당신의 모습은 어떠했는가?

〈청동잔무늬거울〉
©국립중앙박물관 e-뮤지엄

참회록

윤동주

파란 녹이 낀 구리거울 속에
내 얼굴이 남아 있는 것은
어느 왕조의 유물이기에
이다지도 욕될까.

나는 나의 참회의 글을 한 줄에 줄이자.
– 만 이십사 년 일 개월을
무슨 기쁨을 바라 살아왔던가.

내일이나 모레나 그 어느 즐거운 날에
나는 또 한 줄의 참회록을 써야 한다.
– 그때 그 젊은 나이에
왜 그런 부끄런 고백을 했던가.

밤이면 밤마다 나의 거울을
손바닥으로 발바닥으로 닦아보자.

그러면 어느 운석 밑으로 홀로 걸어가는
슬픈 사람의 뒷모양이
거울 속에 나타나 온다.

일제강점기였던 1917년 항일독립운동이 들불처럼 일어나던 만주 북간도 명동촌에서 태어난 윤동주는 1945년 나라의 독립을 보지 못한 채 향년 28세의 젊은 나이로 형무소에서 생을 마쳤다. 〈참회록〉에는 파란 녹이 낀 구리 거울 속에 비친 자신을 보며 느꼈을 시인의 부끄러움과 조국을 잃은 설움, 고통이 고스란히 전해진다. 시인은 비단 후회로만 점철된 삶을 살지 않았다. 철저한 반성 끝에 밤마다 손바닥 발바닥으로 고이 닦은 거울을 보며 새로운 자신과 나라를 꿈꾸었다.

나라를 잃은 아픔 속에서 자신의 삶과 조국의 앞날을 걱정하고 통탄했던 시인의 마음은 "하늘을 우러러 한 점 부끄럼이 없기를" 바랐던 〈서시〉에서도 여실히 드러난다.

오래전 쓰인 윤동주의 시에서 우리는 끊임없이 자신을 뒤돌아보고 반성하며 더 나은 삶을 살기 위해 고민하는 한 인간의 모습을 마주한다. 역사는 지나온 세월을 담고 있다. 우리가 역사를 배워야 하는 까닭은 과거를 통해 잘한 것은 더욱더 잘하고, 잘못한 일은 철저히 반성하여 되풀이하지 않기 위함이다. 그러니 역사는 결국 우리를 비추는 거울과도 같다.

거울에 비치는 모습은 온전히 나의 모습이다. 거울은 있는 그대로를 보여준다. 또한 거울이 아니면 우리는 자기 자신을 볼 수 없다. 항상 타인의 눈에만 보이는 내 모습을 직접 보고 싶다면 거울 앞에 서야 한다. 그렇게 나의 진짜 모습을, 그리고 내면의 나를 들여다봐야 한다.

오늘 거울에 비친 당신의 모습은 어떠했는가?

거울 속 나는 무슨 이야기를 들려주었는가?

미완성이
남겨준
것들

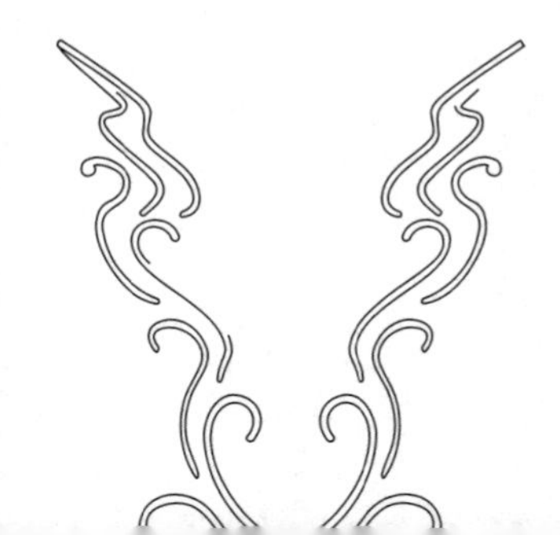

보존처리를 하다 보면 종종 이 일이 나와의 싸움이라는 생각이 들 때가 있다. (어찌 생각하면 세상 모든 일이 그러하리라.) 보존처리는 누군가에게 일을 맡기거나 나눌 수 없다. 과정의 처음과 끝을 책임져야 한다. 게다가 하나의 유물을 복원하기까지 오랜 시간이 걸려 과정 내내 신경이 곤두서기 마련이다. 유물을 다루는 일인 만큼 급하다고 서둘러서도 안 되고, 정해진 일정이 있으니 마냥 느긋하게 할 수도 없다.

거북이같이 느린 걸음이지만 하나하나 과정을 겪으며 경험이 쌓이다 보니 그 속에서 나만 아는 성장이 느껴질 때가 있다. 깨져버린 조각을 맞추다 보면 인내심도 길러지고 새로운 재료를 접할 때는 호기심과 탐구심이 생겨난다. 처음에는 완성되지 않을 것 같았던 유물이 복원되었을 때는 성취감도 느낄 수 있다. 이 모든 감정들은 아무도 눈치채지 못하는, 오로지 나만 아는 한 뼘 성장과 같다. 이러한 성장들이 모이면 새로운 프로젝트를 추진할 때 이전보다 조금 더 나은 방법을 생각해 보게 되고 다르게 생각해 보게도 된다. 그렇게 차츰 다른 이들의 눈에도 보이는 성장을 만들어낸다.

내 눈앞에 놓인 유물의 생을 얼마나 더 연장할 수 있는지는 보존과학자가 적합한 보존처리 방법을 충분히 고민했는지, 복원 과정에서 객관성을 잃지 않으려 노력했는지, 전 과정을 잘 점검했는지에 달렸다. 그리고 이 과정들이 눈에 보이지 않는 한 뼘 성장을 가져온다.

완전한 모습으로 태어났지만, 지금은 불완전한 상태로 내 앞에 놓여 있는 조각나고 부식된 유물들을 바라보면 내 모습이 겹쳐 보일 때가 있다. 겉으로는 완성체의 모습을 하고 있지만, 내면에서 끊임없이 흔들리고 고민하는 '여전히 미완성인 나의 모습'이 떠오른다. 많은 사람들이 완전함을 추구하며 살아가지만 현실은 여전히 미완성인 채로 살아가는 날들이 대부분이지 않던가. 자신이 갈망하는 완벽한 그림만을 향해 돌진하다 보면 그 과정에서 무엇을 얻었고, 무엇을 잃었는지도 모른 채 결과물에만 집착하게 되고, 결국 자신을 망가뜨리기도 한다. 반대로 자기 생에는 결코 완성하지 못할 줄 알면서도, 미완성으로 끝내야 하는 줄 알면서도 일생의 역작을 시작한 사람도 있다.

스페인의 천재 건축가인 안토니 가우디는 1882년 일생의 역작인 〈사그라다 파밀리아 성당〉의 완성을 꿈꾸며 착공에 들어갔지만, 실상 자신조차도 살아 있는 동안에는 완공하지 못할 거라는 사실을 알았다. 실제로는 완공까지 200여 년은 걸릴 것으로 예상했다고 한다. 그는 1926년, 대로를 건너다 전차에 치여 심각한 부상을 입었는데 당시 그의 초라한 행색 때문에 병원 이동이 늦어졌다. 다친 가우디는 옷차림만 보고 자신을 판단한 이들에게 '거지 같은 가우디가 이런 곳에서 죽었다는 것'을 보여주어야겠다고 생각한다. 겉모습만 보고 도움이 필요한 사람을 외면한 이들에게 크게 좌절한 것이다. 결국 그는 가난한 사람들 곁에 있다 죽는 편이 낫다며 치료를 거부한 채 죽어갔다고 한다.

성당의 일부만 완성된 상황에서 가우디가 죽고 내전과 화재로 많은 자료가 소실되었다. 이후에도 파괴될 위험에 직면하는 등 숱한 어려움을 겪은 끝에 성당은 1950년대에 와서야 다시 건축이 이어질 수 있었다. 스페인 정부는 가우디의 탄생 100주기인 2026년 완공을 목표로 공사를 진행하고 있다고 발표했다. 시대를 뛰어넘는 작품이 완성되어 가는 과정을 바라보는 것은 무척 흥미롭고 설레는 일이다. 성당을 방문하는 사람들에게 중요한 역사적 이정표가 될 순간을 함께하고 있다고 느끼게 하기 때문이다.

존재하는 모든 것들은 이처럼 미완성에서 완성으로, 또 완성에서 소멸로 가는 삶이 숙명이다. 하지만 보존처리는 세월의 풍파를 이기지 못해 불완전한 상태가 되어버린 문화유산을 복원하는 일이다. 우리는 불완전해진 것들을 다시 완성시켜 소멸되지 않도록 애쓴다. 개중에는 충분한 연구와 고민 없이 복원을 시작했다가 오히려 미완성으로 끝나버리는 사례들도 많다.

우리나라 문화유산 중에는 〈미륵사지 석탑〉이 그러하다. 백제 무왕이 창건했다고 전해지는, 한국에 현전하는 탑 중 가장 큰 〈미륵사지 석탑〉은 조선 후기에 와서 석탑이 무너지고 사찰은 폐허가 되었다는 기록이 있다. 서쪽과 동쪽에 자리 잡았던 석탑은 절이 사라지는 모습을 허망하게 바라보았을 것이다. 일제강점기에 허물어진 석탑을 콘크리트를 부어 흉물스럽게 방치하면서 석탑은 본연의 모습을 많이 잃어버렸다. 1974년, 발굴을 통해 동탑이 복원되었는데 역사적 고증이 부족한 상태로 복원되어 보존과학 역사상 "잘못된 복원의 대표적 사례"라는 불명예를 차지했다.

이에 서탑의 복원은 신중하게 이루어졌는데 그 과정에서 새로운 역사적 사실도 드러났다. 〈미륵사〉는 '서동요'로 유명한 무왕과 선화공주가 창건한 것으로 알려져 있었는데, 실제 탑 아래에서 발견된 사리봉영기에 왕후는 백제의 귀족이며 좌평이었던 사택적덕의 딸이라고 기록되어 있었기 때문이다.

〈미륵사지 석탑〉의 서탑 복원에는 장장 30년이 걸렸다. 그사이 과학 기술이 발전하고 새로운 재료가 등장했다. 여기에 다양한 경험들이 보태어지면서 더 온전한 복원이 가능해졌다. 서탑의 복원 과정을 보면 보존윤리나 처리 과정 측면에서 지난 30년간 많은 성장을 이루었음을 알 수 있다. 당시에는 아무런 발전의 진보가 없어 보였을지 몰라도 지나고 보면 한 뼘 성장하고 또 성장하면서 좋은 보존처리 사례로 남을 수 있었던 것이다.

서탑의 복원 과정을 보며 생각한다. 오로지 내 눈에

+ 미완성으로 남은 숱한 과정과
경험들이 모여 이루어낸 결과.

〈미륵사지 석탑〉
©국가문화유산포털

만 보이는 한 뼘 성장이 모여 괄목할 만한 성과를 내듯, 당시에는 미완성으로 남은 숱한 과정과 경험들이 모여 훌륭한 복원 사례를 만들어내는 게 아닐까? 흠집 하나 없는 '완전한 나'는 아닐지라도 가장 본질에 가까운 '온전한 나'를 만드는 게 삶 아닐까?

아무것도
아니었던 것들에서
시작된 이야기

밥벌이를 하며 하루하루 살아가다 보면 누구에게나 내 자리에서 한 발자국 뒤로 물러나야 하는 순간이 온다. 새로운 세대에게 자리를 비켜주고 몸소 경험해 얻은 노하우는 공유하며 그들의 도전을 지켜보는 순간. 조언과 격려를 아끼지 않고 응원해 주는 역할로 남아야 하는 시간이다.

유물들에게 그 순간을 대입해서 생각해 보자면, 그들에게 은퇴 시기는 이미 지났다. 하지만 은퇴 후 사라졌던 그들이 땅에서 출토되는 순간, 새로운 인생 2막이 펼쳐졌다.

은퇴했지만 다시금 소환된 유물들은 이 시대에 어떤 의미가 있는 걸까? 우리는 그들이 살았던 시대를 살아보지 못했고, 그나마 남아 있는 자료들 또한 권력자 중심의 기록들이 대다수다. 이런 상황에서 유물들은 기록되지 못한 역사를 우리에게 자신의 존재로써 증명하고 있다. 왕조나 권력자의 기록은 굵직굵직한 역사적 사건이 중심이므로 평범한 사람들의 삶은 그들이 실제 사용했던 그릇, 기와, 항아리, 숟가락 등을 통해서나 알 수 있다. 화려한 장식이나 고급스러운 재료를 사용한 보기 좋고 그럴듯한 유물은 아닐지라도, 과거 이 땅의 주인이었던 사람들이 살다 간 흔적들을 고스란히 보여주는 고고유물들은 그들 자체가 역사의 증인과도 같다.

하지만 은퇴자의 삶은 고단하다. 청춘은 지나버렸고, 육체는 점점 생기를 잃어간다. 앞으로 펼쳐질 미래는 죽음을 향해 한 걸음씩 걸어가는 것밖에 남지 않은 듯하다. 삶의 의미는 온데간데없고 자신은 쓸모없는, 아무것도 아닌 존재로 전락한 것만 같다.

여기, 오래전 은퇴한 한 텔레비전을 두고 벌어지는 일을 다룬 작품이 있다. 바로 2023년 국립극단에서 무대에 올린 〈보존과학자〉가 그것이다. 한 보존과학자가 수장고에 보관되어 있던 텔레비전 한 대를 우연히 발견하고, 그 텔레비전이 과거 위대한 예술품이었기를 기대하며 보존처리를 시작한다. 주인공은 "저는 이 텔레비전을 꼭 다시 작동시켜 보고 싶어요. 그때의 찬란함을 다시 마주하고 싶어요."라고 읊조리는데, 결국 극 후반부에 아무것도 아닌 텔레비전이었다는 사실을 알게 된다.

> 보존과학자1: 지금 이 텔레비전이 어떻게 됐는지 알아요? 나 포함해서 수십 명의 보존과학자들이 이걸 보존했어요. 아주 긴 시간 동안, 예술품이라고 생각하고 원형 유지를 위해서 수없이 애써왔다고요. (……)
>
> 둘째: 그래서 이제 의미가 없어졌나요? 아무것

도 아닌 텔레비전이라는 걸 알게 돼서.

보존과학자1: 아뇨, 다 의미 있어요. 세상에 의미 없는 건 없어요.

둘째: 나랑 반대네요. 난 전부 의미 없다고 생각하는데.

보존과학자1: 그럼 이거 부숴도 돼요? 내가 그냥 버려도 되는 거예요? 폐기처분 할까요? 아무 의미 없는 거잖아요. (……)

엄청 대단한 게 아니라, 아무것도 아닌 것 같은 데서부터 이야기가 시작될 수도 있는 거예요.

둘째: 내가 시작이 될 수도 있을까요?

작가는 2022년 9월 과천 국립현대미술관에서 열린 백남준의 〈다다익선〉 재가동 기념식 소식을 듣고 작품을 구상했다고 한다. 더 이상 작동하지 않아 고물이 되어버린 브라운관 텔레비전은 너무 오래되어 화재의 위험이

제기되었고 2018년 가동을 중단하였다. 디지털 기술의 비약적인 발전으로 브라운관 모니터는 생산이 중단되었고, 당시 뛰어난 기술력이라고 평가받던 브라운관 텔레비전은 생명을 잃었다. 〈다다익선〉은 1003대 중 손상된 737대의 모니터를 중고로 수리, 교체하였고 더 이상 사용이 어려운 266대는 모니터 외형만 유지하고 새로운 디스플레이로 제작, 교체하여 재가동되었다.

극에 등장하는 보존과학자1은 수장고에 보관되어 있던 텔레비전 한 대가 〈다다익선〉의 일부라고 믿고 복원하려는 노력을 기울인다. 하지만 곧 그저 여느 가정집에서 쓰던 텔레비전일 뿐이라는 사실을 알게 된다. 자신이 부여한 가치에 매몰되었던 보존과학자1은 진실을 마주하고 자신에게 붙어 있던 1이라는 숫자를 떼어낸다.

극에서 보존과학자1이 숫자 1을 떼어내는 장면은 내 머릿속에서 '국보 1호 〈숭례문〉'과 오버랩되었다. 2022년 국보 1호 〈숭례문〉이 사라졌다는 소식이 들려왔다. '〈숭례문〉이 사라졌다고? 아니 지금도 버젓이 있는데?'라고 생각하는 분들이 있을 것이다. 〈숭례문〉은 사라지지 않았다. '국보 1호 〈숭례문〉'이 사라지고 그냥 〈숭례문〉이라는 이름으로 돌아왔을 뿐이다. 국보, 보물, 사적 등을 관리하기 위해 1962년 도입된 번호가 문화유산을 서열화한다는 끊임없는 문제 제기에 공감해 60여 년 만에 문화재의 지정번호를 폐지한다고 밝힌 것이다. 취지에 공감하면서도 일각에서는 대한민국 국보 1호라는 상징성을 고려해 〈훈민정음〉으로 교체해 유지해야 한다는 주장을 펼쳤다. 가치를 서열화하려는 분위기는 분야를 막론하고 팽배해 있다.

한번 다르게 생각해 보자. 세상에는 삶의 우선순위도 가치관도 서로 다른 수십 억 명의 사람들이 살고 있다. 이들을 다수가 중요하게 여긴다고 하여 특정한 가치에 따라 서열화시키는 게 온당할까? 나란 존재는 이 세상에서 유일무이한데, 어떻게 순위를 매긴단 말인가? 이런 의미에서 〈보존과학자〉 마지막에 보존과학자1이 1이라는 숫자를 떼어내고 그냥 보존과학자가 되는 장면은 우리에게 깊은 울림을 준다.

문화유산도 마찬가지다. 중요한 문화유산과 덜 중요한 문화유산은 없다. 그저 존재만으로 가치가 있다. 모든 것은 사라진다는 유일한 진리 앞에, 마지막까지 존재하여 자신을 증명하는 것이 유물의 생이고 우리의 삶이다. 그러니 삶의 방식도 기준도 그 누구와도 같지 않은, 오롯한 내 인생을 살자고 다짐해 본다. 내 인생의 이야기는 나로부터 시작되니까. 당시에는 아무것도 아닌, 흔해빠진 물건 나부랭이였을 유물들에서 위대한 이야기가 시작되듯이.

물건들의
공동묘지가
아닌

수장고에 들어가는 길에 '박물관을 한마디로 정의하면 무엇일까?' 하고 생각한 적이 있다. 1974년 국제박물관회의(ICOM)는 박물관을 "인간과 그 환경의 물질적 증거를 연구, 교육 및 향유할 목적으로 자료를 수집, 보존, 연구, 교류, 전시함으로써 사회와 그 발전에 봉사하고 대중에게 개방된 영구적인 비영리기관"이라고 정의했다.

박물관을 바라보는 시선은 시대에 따라 변해왔고, 2022년에 이르러서는 "박물관은 유형, 무형의 유산을 연구, 수집, 보존, 해석, 전시하여 사회에 봉사하는 비영리, 영구기관이다. 박물관은 모두에게 열려 있어 이용하기 쉽고 포용적이어서 다양성과 지속 가능성을 촉진한다. 박물관은 공동체의 참여로 윤리적, 전문적으로 소통하며, 교육, 향유, 성찰, 지식 공유를 위한 다양한 경험을 제공한다."고 재정의하였다.

박물관이 모두에게 열려 있음을 강조하고 이를 통해 다양성을 도모하고 나아가 지속 가능성을 이끌어내는 역할을 해야 함을 확실히 한 것이다. 이는 공동체의 참여로 만들어가되 그 과정은 윤리적, 전문적으로 소통해 나가야 함을 강조했다.

박물관은 언제, 처음 생겨났을까? 학자들은 알렉산드리아의 '무제이온'을 시작으로 본다. 무제이온은 이집트 왕 프톨레마이오스 필라델푸스 2세가 아버지의 유언으로 만들었는데, 오늘날과 같은 개념의 전시실은 아니었다. 당시 무제이온은 신전으로 그리스 학자들을 초빙하여 교류하는 곳이자, 진기한 동식물을 키우며 왕실의 재산을 보관하는 수장고 역할을 했다고 전해진다. 로마

시대에는 전쟁 전리품을 전시하기도 했는데 전리품들은 당시 대중들에게도 공개했다. 중세시대에 들어서는 신 중심의 교회 박물관이 등장하고 이후 교회의 권위가 추락하자 그 자리를 군주와 부호들이 차지하면서 근대적 의미의 수장고가 탄생했다. 르네상스 시대에는 이탈리아의 정치가이자 피렌체 공화국의 통치자였던 로렌초 데 메디치가 수집한 진기한 물품을 가리켜 '뮤지엄'이라는 용어를 처음 사용하였다. 이후 군주들을 중심으로 소장품 수집과 보존이 이루어졌고 프랑스혁명 이후 루브르 미술관이 일반 대중에게 공개되면서 처음으로 공공 박물관의 개념이 등장했다.

권력자가 전리품을 수집하고 보관하던 것에서 점차 이를 연구하는 움직임이 등장했고, 연구를 통해 학자들이 교류했으며, 나중에는 전시를 함으로써 대중에게 개방되었다. 박물관이 그저 문화유산을 보관하는 장소로만 기능한다면 물건들의 공동묘지와 다를 게 없다. 다행히도 박물관은 시대의 흐름에서 변화하고 새로워졌다.

+ 새로운 유물의 보금자리가 되어줄,
옛것을 담은 창고 '예담고'.

물건들의 공동묘지가 되지 않기 위해 끊임없이 사회가 부여하는 역할을 수행하며 거듭나고 있다. 과거가 모여 새로움이 되는 역사적 공간으로.

더욱이 최근에는 박물관으로 가지 못하는 비귀속유물을 어떻게 활용할지에 대한 논의도 활발히 이루어지고 있다. 이에 '예담고'라는 공간에 '편(片)한, 자리'를 마련하여 유물들이 쉴 수 있게 하였다. 법을 개정하여 박물관과 달리 학술이나 교육의 목적으로 유물을 직접 만져보고 다양한 체험을 하며 널리 이용할 수 있도록 빗장을 연 것이다.

예담고에 오는 유물들은 박물관에 전시된 유물처럼 그럴듯한 모습이 아니라 깨지고 조각난 편들이 대부분이다. 하지만 이들은 자신들이 어떤 도구로 어떻게 만들어졌는지를 보여주고 낯선 이들의 손길을 기꺼이 허락한다. 완형이 아니기에 가능한 것이다. 관람객들은 2천년 전의 토기를 만져보며 탄성을 자아낸다. 그 오랜 시간을 견딘 유물들이 고맙고, 더욱이 직접 만져볼 수 있는 특별한 기회를 얻었음에 신기해한다.

나 또한 오랜 시간 유물의 곁에서 끝난 줄 알았던 그들의 생을 이어주고, 못다 한 이야기를 들어주는 사람으로 살 수 있어서 기쁘다. 문화재 보존과학자로 살며 켜켜이 쌓이는 시간의 소중함을 알게 되어 감사하다. 박물관과 예담고가 물건들의 공동묘지가 아니라, 우리와 함께 살아 숨 쉬고 미래를 꿈꾸는 동반자로 오래도록 함께할 수 있기를 바란다.

에필로그

박물관에서 보존처리를 하던 시간은 수천 점의 유물들에게 눈도장을 찍던 날들이었다. 끊임없는 구애의 눈길을 보내며 유물에 대해 하나라도 더 알아내기를 바랐고 시간이 흘러 내가 사라진 후에도 부디 유물만은 강건하게 더 오래 존재해 주기를 바랐다.

한때 "문화유산이 왜 그리 좋아?"라는 질문에 선뜻 답하지 못할 때도 있었지만 20여 년간 보존과학 일을 해보니 이제야 알겠다. '문화유산'은 존재 그 자체로 모든 것을 알려주기 때문이라는 걸. 단 한 줄의 기록도 남아 있지 않은 석기시대조차 유물을 통해 그 시대 사람들이 어떻게 살았는지를 알 수 있으니 얼마나 경이로운가.

수십 년간 시공간을 넘나드는 일을 하다 보니 당장 1년 뒤가 아니라 수백 년 뒤 아니, 수천 년 뒤를 살아갈 사람들은 내가 사는 이 시대를 어떻게 기억할지, 또 지금이 어떤 시대로 명명될지 궁금할 때가 있다. 산업혁명시대로 기억할까? 아니면 플라스틱시대?

몇 백 년이 지나도 썩지 않는다는 플라스틱이 우리의 산업 전반을 이끌어온 특별한 재료인 것은 분명하다. 하지만 이 재료가 미래 세대에 전해줄 우리의 문화유산이라고 자신 있게 이야기할 수 있을까? 플라스틱은 이전에는 상상도 할 수 없는 편리한 삶을 개척해 준 일등 공신이지만 지속 가능한 지구를 위해 우리는 친환경적인 대체재를 찾아야 할 과제를 안게 되었다.

나는 그 답이 역사, 그리고 문화유산에 있다고 생각한다. 숱한 실수와 오류를 바로잡기 위해 분투했던 옛사람들과 그들이 남긴 유물에서 실마리를 찾을 수 있다고 믿는다.

그래서 더더욱, 유물이 들려주는 말들을 세심하게 살피고, 이를 통해 우리가 미래 세대를 위해 무엇을 남겨줄 수 있을지 진지하게 고민해 보자고 권하고 싶다. 그 길에 이 책이 작은 보탬이 된다면 더 바랄 게 없겠다.

나는 시간을 복원하는 사람입니다

초판 1쇄 인쇄 2024년 2월 18일
초판 1쇄 발행 2024년 2월 25일

지은이 신은주

펴낸이 한선화
기획편집 이미아
디자인 정정은
홍보 김혜진
마케팅 김수진

펴낸곳 앤의서재
출판등록 제2022-000055호
주소 서울 서대문구 연희로 11가길 39, 4층
전화 070-8670-0900
팩스 02-6280-0895
이메일 annesstudyroom@naver.com
인스타그램 @annes.library

ISBN 979-11-90710-75-6 03900

• 책값은 뒤표지에 있습니다.
• 파본은 구입하신 서점에서 바꾸어드립니다.